平凡社新書
820

「共に生きる」ための経済学

浜矩子
HAMA NORIKO

HEIBONSHA

「共に生きる」ための経済学●目次

はじめに……9

第1章　違うからこそ共に生きる……21
日本の中の「豊かさの中の貧困」
豊かさと貧困の四つの関係
下心政治が我々を共生から遠ざける
「攻めのガバナンス」に追い立てられてきた日本企業
「働き方改革」でギグワーカー化に追いやられる日本の働く人びと
無責任を決め込む21世紀の口入屋たち
立て、万色の労働者！

第2章　共に生きるとはどう生きることか……59
共に生きられるための条件と邪魔者
「共感性」とは相憐れむ力
江戸の長屋社会にみる「開放性」
共存を共生に発展させる「包摂性」
「依存性」があるからこその共感力

グローバル化が生む焦り
焦りが生む国家の出しゃばり
国家の出しゃばりが生む成長至上主義
ヒト本位からカネ本位へ
第3章 カネの暴走からヒトの共生をどう守るか……93
いまは第三次グローバル化時代
お茶の間に飛び込んだグローバル化
お茶の間から地球を制したミセス・ワタナベたち
カネはヒト化しヒトはモノ化する
金融と信用の決別を招いたグローバル・マネー
福袋化された金融
貸借から相対性《あいたいせい》が消えて金融パンデミックが起こった
見えない化する通貨
暗号通貨は諸刃の剣
諸刃の剣はやっぱり怖い

第4章　つながり過ぎていて共生できない……131
ITもまた諸刃の剣
オンデマンド化がもたらす孤立
民泊の中に出会いなし
ケアなきシェアは奪い合い
つながり過ぎがもたらす分断と排除
コロナ禍によるパンデミック下のインフォデミック
水のごとき市民革命の助け手となれるか
差し伸べ合う手と手を結びつけられるか
警戒すべきは偽りの三段論法
第5章　国境を「超えて」共に生きる……161
国境は越えられなくても超えられる
超国境人をプロファイリングすれば
善きサマリア人と如水の市民革命家たち
今日的義賊の香り高きオキュパイ運動

求められるのは市民たちの脱国民化
日本国憲法が示すグローバル共生時代の国家像
憲法前文の中にある三筋の光明
共生から最も遠い国
開かれた小国群にみなぎる共生力

終章　真の共生はいずこに…………193
真の共生しか破グローバルの魔物に打ち勝てない
真の共生は相異なる者たちによる自覚的共生
国家主義に真の共生の阻害要因を呼び覚まさせてはならない
カネが優位に立つことを許すと真の共生は消滅する
つながるだけでは真の共生は成り立たない
真の共生は国境を超える
希望は小さき者たちの中に

おわりに…………211

はじめに

新型コロナウイルス旋風がグローバル経済社会を震撼させる中で、この文章を書いています。本書を皆さんにご高覧いただく段階では、その猛威も息の根が止まっていることを祈るばかりです。そして、そうなるためには、いま、この時こそ、本書の主題である「共に生きる」力が全人類に問われているのだと確信するところです。

ところが、人類が共に生きる力は、実をいえば、コロナ騒動が降って湧く前の段階で既にかなりの危機にさらされるようになっていました。ここぞという時を迎えたというのに、これは何とも厳しいことです。

我々の共に生きる力を脅かしている力学を象徴しているのが、ディグローバリゼーション（deglobalisation）という言葉です。「グローバルではなくなる」の意です。当たり前の訳し方をすれば、この場合の「ディ」には「非」を当てて非グローバリゼーションあるいは非グローバル化とするところでしょう。

ですが、筆者には、どうもこれではしっくりきません。単なる「非」では弱い。インパクト不足に感じてしまいます。そこで筆者は、この「ディ」を「破」とすることにしました。「破グローバリゼーション」です。グローバリゼーションを破壊する。グローバル時代を破滅に追い込む。ビリビリと音を立ててグローバル時代を破り捨てる。このようなイメージです。

アメリカのトランプ親爺《おやじ》を筆頭に、一国主義を声高に掲げる政治家の数々が地球上を闊歩する。米中通商戦争が湧き起こって国境を越えたサプライチェーンを破断していく。イギリスがEU（欧州連合）から離脱する。まさに破グローバルの様相が深まっています。

そうした中で、もう一つの「ディ」言葉もさかんに人びとの口の端に上るようになりました。その言葉は「ディカップリング（decoupling）」です。これは分かれることを意味する表現です。カップルではなくなるというわけです。ひと頃まで、アメリカと中国は「チャイメリカ」化したなどといわれていました。チャイナとアメリカの経済が一体化して一つの経済になったというイメージです。そこまで、両国の経済が切っても切れない融合関係を持つに至ったというわけです。ところが、いまや、この関係が関税引き上げ合戦やハイテク製品の禁輸と締め出しの応酬などでどんどん切り裂かれつつあります。

ディグローバル化もディカップリングも、別段、いいじゃないか。むしろ、大いに結構。そう思われる向きもおいでかと思います。グローバル化が進み過ぎれば、それに伴って格差と貧困が深まる。あまりにもチャイメリカ化したことで、アメリカの労働者たちは職を奪われてしまったのではないか。グローバル化は我々を不幸にするのではないか。ヒトもモノもカネも、あまり国境を越えなくていい。自前主義に戻った方がいい。世のため人のためを思われる善き市民であればあるほど、そのように感じておいでかもしれません。

確かに、経済がグローバル化することには、実際問題としてそうした思いを引き出す諸側面があることを否定できません。経済活動の国境を越えた相互浸透が進めば、どうしても、そのことがもたらす功罪が交錯します。ですが、罪が功を一義的に上回ると決めつけることは危険です。まさに、そうした決めつけ自体が、グローバル化の罪を膨れ上がらせて、その功をもみ消してしまうでしょう。

どうすればそのような成りゆきを回避し、グローバル時代を人類にとって善き時代とすることができるのか。それを突き止めることが、いま、この時、それこそ人類的課題になっているのだと思うところです。結論的にいえば、筆者は、このグローバル化という流れの中でこそ、我々は真の共に生きる力を育んでいくことができるのだと確信しています。なぜそう確信するのかということについては、本論の中で順次ご説明申し上げていきたいと思います。

我々をして「ディグローバル化も悪くないかも」と思わしめる諸問題の中でも、筆者がことのほか厄介だなと思うものが一つあります。それが「豊かさの中の貧困」問題です。総じてみれば豊かな経済社会の中に、貧困ゾーンが出現してしまう。

そこに追い込まれた人びとは、自分たちは後れを取り、取り残され、見捨てられ、振り落とされていくのだと感じる。

　こうして自分たちが置いてけぼりを食らうのは、グローバル化の進展のせいだ。彼らがそう思い込んでしまう、あるいは思い込まされてしまうと、そのことがディグローバル化礼賛論につながっていきます。ディグローバル化を礼賛することは、結局のところ、国家主義の礼賛をもたらし、排外主義にお墨付きを与えることにつながってしまいます。

　そのような認識環境の中で、我々が共に生きる力を育むことなどできるわけがありません。ところが、この豊かさの中の貧困問題が、グローバル化の進行とともに出現してきたということも、現象的にみれば明らかに否定できない面があります。ここが、何とも厄介なところなのです。注意深く見ていけば、グローバル化の流れそれ自体に、おのずと「豊かさの中の貧困」をもたらす力学が内在しているとはいえないと思います。

　問題は、グローバル化そのものではなく、この現象への国々や企業の反応と対応だと考えるべきでしょう。しかしながら、この辺りの仕分けはなかなか難しい。だから、ともすれば、グローバル化こそ諸悪の根源だという短絡的な考え方が独り歩きしがちです。この構図についても、本書の発見の旅を通じて掘り下げていきたいと考えています。

筆者が、この豊かさの中の貧困問題を意識し始めたのは、１９９０年代末にさしかかろうとする時期のことでした。つまりは、グローバル時代に入っておよそ10年が経過しようというタイミングです。多くの人びとが身をもってグローバル化を意識し始めた頃のことでした。この時代状況の中で、豊かさの中の貧困を意識させる光景が筆者の目につくようになったのです。豊かさに満ち溢れる先進諸国の街角で、物乞いをする人びとが次第に増えていく。しかも、その中には、乳飲み子を抱えた若いお母さんたちの姿も目立つようになりました。

その頃、筆者はロンドンに在住し、欧州のあちこちを旅していました。そして、行く先々で豊かさのただなかにある貧困を目の当たりにするようになったのです。

その後、日本に帰国すると、日本にもこの問題があることを発見しました。「日本にも」というよりは、「日本にこそ」と言った方がいいでしょう。この点については、本論に踏み込んだところで少し立ち入ってみておきたいと思います。

豊かさの中の貧困はなぜ発生するのか。一つの要因として、「横並びが生む縦並び」がある。筆者はそう考えてきました。国境を越えた横並び現象が、国境の内側で人びとの縦並び化をもたらす。これが「横並びが生む縦並び」です。グローバル化に上手く適応できる人びとの間では、国境を越えて横並び化が進んでいきます。彼らは皆、「グローバル・スタンダード」という名の標準に自分の行動やスタイルを合わせていく。だから、彼らは国境を越えて平準化する。つまり横並び化するわけです。

いわゆる「グローバル人材」だと目される人びとは、人種や国籍を問わず、同じビジネストークで会話し、同じビジネスモデルに従って行動し、同じように金持ちになっていく。かの「ダボス会議」に毎年集うような人びとが、究極のグローバル横並び種族だといえるでしょう。

一方で、このような「グローバル検定」に合格することができない人びとは、どんどん取り残されて、ブラック企業たちによる「ヒトのモノ化」扱いの餌食《えじき》となっていく。そして、豊かさの中の貧困の淵に追い落とされる。国境を越えた横並びの世界に取り残された人びとが、国境の内側で縦並び構造の最下層に追いやられていくのです。

グローバル検定に好成績で合格することが、決して悪いことだとは思いません。人びとの才能が国境を越えて花開くことは、大いに結構です。若者がグローバル人材としての活躍を夢みることに、ケチをつけるつもりもありません。

問題は、そのことに伴って発生する縦並び化現象にどう対処するかです。グローバル検定に従って横並び化していく人びとも、実をいえば、彼らだけでは生きていけません。平準化は死に至る病です。

世の中、同じ言葉を使って同じことを考え、同じように行動する人びとばかりになってしまったら、創造性も想像力も途絶してしまいます。そうなれば、人類も一巻の終わりです。ある特定の基準に照らして合格しない者は、切り捨てられていく。

同じ基準に合致する同じような人びとしか主役になれない。そのような社会は滅びの社会です。つまり、横並びが生む縦並びを放置し、縦並びの下積み部分を切り捨てていけばいくほど、人類は横並び化がもたらす滅びの淵に追いやられていくということです。

多様なる者たち、相互に相異なる者たちが手を携えて共に生きていく。グローバル時代をこのような時代に持っていくことができなければ、人類は消滅に向かう。そう言って決して過言ではないと思います。

破グローバル化の流れをどう堰《せ》き止めるか。豊かさの中の貧困問題がさらに深刻化し、破グローバル化の圧力を高める要因としての作用を強めてしまうことを、どうすれば回避できるのか。あちこちでディカップリングが起こり、国々の間の距離が開いていくことをどう防ぐのか。これらのことを本書の探索の旅の中でご一緒に突き止めていきたいと考えています。

ヒト・モノ・カネは国境を越える。されど、国々は国境を越えられない。このミスマッチをどう解消するのか。ヒト・モノ・カネを移動性なき国々の中に封じ込めるのか。国々が移動性高きヒト・モノ・カネに寄り添うべく知恵を磨くのか。前者の道は、破グローバル化による人類分断の世界に通じる。後者の道を選択できれば、人類は真の共生力と善きグローバル時代を手に入れることができる。いずれに向かうか。いま、我々はこの天下分け目の戦いの場に立たされているのだと思います。

皆さんはフランスの経済学者トマ・ピケティの著作、『21世紀の資本』をご記憶でしょう。2013年にフランス語の原書が発行され、2014年から世界中で翻訳書が大ベストセラーになりました。その中に、富裕層の不労所得の増大と集中が経済格差の拡大をもたらすメカニズムが示されていました。そして、グローバル化の進展とともに富の偏在が一段と進んでいることも指摘されていました。こうした分配上の歪みを是正するために、国際的な資本課税の導入が必要だ。そのようにピケティさんは主張したのです。

日本でも、この分厚くて値も張る翻訳本が売れに売れまくりましたね。「ピケティ現象」が大いにメディアを沸かしたものです。ご記憶になお新しいところだと思います。なぜそうなったのか。それはまさしく、我々の意識が豊かさの中の貧困問題に引き寄せられつつあったからだと思います。世の中おかしくないか。こんなことでいいのか。ちょっとひどいんじゃないの……。そのように感じられている皆さんの鋭い感受性が、ピケティ・ブームをもたらしたといえるでしょう。あの時の感覚なども思い出しながら、本書の旅にお付き合いいただければ幸いです。

「旅は恋人たちの出会いで終わる」。かのシェークスピア大先生の戯曲、『十二夜』の一節です。我々の旅も、我々が恋することができるような共生の構図との出会いで終わることを祈りつつ、いざ、出発でございます。

第1章　違うからこそ共に生きる

まずは、日本の現状を考えるところから始めたいと思います。日本における「豊かさの中の貧困」問題の焦点はどこにあるのか。その背後にあるものは何なのか。どのような経緯の中で我々はいま、ここに至っているのか。どうすれば、我々はこの問題の向こう側に行けるのか。そのための共生の風景を描き出していくには、何が勘所となるのか。

いずれも後章でも立ち戻るテーマですが、旅の出発に当たって、ざっくりしたところを整理しておきたいと思います。

日本の中の「豊かさの中の貧困」

ある国の貧困状況を測る手段の一つに、「相対的貧困率」という指標があります。厳密な計算の仕方などをここで解説しだすと話が錯綜してしまいますので、それは省略してしまいましょう。

定義的にいえば、相対的貧困率とは、国々において「貧困線」と呼ばれる所得水準に届かない所得しか得られていない人びとの人口比のことです。

貧困線は国々によって異なります。それは、国によってまともな暮らしを維持するためのコストが違うからです。一般的にいって、先進諸国で人間らしい暮らしをするために必要な生活費と、発展途上国の生活費の間には開きがあります。この違いを織り込むことが、相対的貧困率という指標の狙いです。国の社会的特性による違いを反映しているから、「相対」というネーミングになっているわけです。

ちなみに、「絶対的貧困」という概念もあります。これは国々の発展段階などのいかんを問わず、人びとに極貧状態を強いると考えられる所得水準のことです。世界銀行は、この水準を１日当たり１・90ドル未満と設定しています（２０１５年）。

日本の場合、貧困線はおおむね年収１２０万円強というところで推移しています。総人口の中で、年間の可処分所得がこの水準に満たない人びとが日本における貧困者です。彼らが総人口の中に占める比率が日本の相対的貧困率です。

ＯＥＣＤ（Organization for Economic Cooperation and Development：経済協力開発機構）が加盟36か国について２０１７年に取りまとめた統計によれば、日本の相対的貧困率（２０１５年時点）は15・7パーセントでした。要は、日本人のおおよそ6

人に１人が貧困状態に追い込まれているということです。上記のＯＥＣＤ統計は、国によって集計年次が２０１５年と２０１６年に分かれてはいるものの、国々の貧困状況の横断比較には有用です。

全加盟国を相対的貧困率が最も低い国を１位として順に並べたランキングをみると、日本は36か国中、28位に位置しています。つまり、日本より相対的貧困率が高い国は、36か国中、８か国しかないということです。日本は世界最大の債権国です。個人金融資産の規模も世界で最大です。経済社会インフラの整い方にも、世界に冠たるものがあります。我々の周りは豊かさに満ち溢れています。それなのに、貧困率ランキングにおける日本の成績は、ＯＥＣＤ加盟国中、下から数えた方が早いという不名誉なものなのです。これぞ、「豊かさの中の貧困」そのものだといえるでしょう。

成績が最もよかった国がアイスランドで、その相対的貧困率は５・４パーセントでした。日本の３分の１です。アイスランドもとても豊かな国です。２０１９年の１人当たり名目ＧＤＰが６万７０３７ドルで、世界ランキング第６位です（ＩＭＦ

〔International Monetary Fund：国際通貨基金〕調べ）。日本の順位は22位ですが、１人当たり名目ＧＤＰの数値そのものは４万８４６ドルで、アイスランドの６割強には達しています。それにもかかわらず、日本の相対的貧困率がアイスランドの３倍だというのは、何とも納得がいきません。

ちなみに、相対貧困率ランキングにおいて日本より下位に位置した８か国を最下位から列記すれば、次の通りです（カッコ内は相対的貧困率の数値）。

36位　イスラエル（17・9）
35位　アメリカ（17・8）
34位　韓国（17・4）
33位　トルコ（17・2）
32位　リトアニア（16・9）
31位　ラトビア（16・8）
30位　メキシコ（16・6）

29位　チリ（16・5）

ご覧の通りなかなか多彩な顔ぶれですが、とりわけ目を引くのがアメリカですね。最下位のイスラエルに対してブービー・メーカーの役割を演じています。

アメリカの1人当たり名目GDPは6万5111ドルで、アイスランドにとても近い数値です。ランキングもアイスランドの6位に次いで7位につけています。ところが、相対的貧困率はわずか0・1ポイント差で辛うじて最下位を免れるという数値になっている。まるで「豊かさの中の貧困」のお手本のようなものです。ただ、アメリカは借金大国です。海外からの資本流入に頼らなければ経済を回していけない。一方で、前述の通り日本は債権大国です。その限りにおいては、世界で一番リッチな国だといえる。このことを併せ考えれば、日本の「豊かさの中の貧困」状況はアメリカといい勝負、あるいはそれ以上に問題性をはらんでいるとみなすべき面があるでしょう。

「豊かさの中の貧困」が怖いのは、それが共生の構図を成り立ちにくくするからです。相対的に恵まれた人びとが多数を占めている時、彼らの目はなかなかひと握りの貧困者に向いていきません。何も、恵まれた人びとがみんな冷たくて自分のことしか考えていない、というわけではありません。良心的で同情心ある人びとの方が多いはずです。ですが、それでも、富裕者と貧困者との間には、どうしても境遇格差がもたらす隔たりができてしまいます。

全体的な豊かさの中に部分的な貧困が埋没した状態だと、貧困層は富裕層の視界から消えてしまいがちです。貧しき人びとの姿は、お金持ちのレーダースクリーンに引っかからない。貧困層の痛みを目の当たりにする機会が多ければ、それに知らん顔を決め込む富裕層がそう多いとは思えません。しかしながら、目に見えないものはどうしても忘れ去られがちになってしまいます。

こうして富裕層と貧困層の出会いの場面が失われていくと、両者が共に生きるための基盤が形成されません。両者は共に生きるのではなく、別々に生きていくことになってしまう。ここが「豊かさの中の貧困」問題に特有の扱いにくさだと思うところです。

豊かさと貧困の四つの関係

ところで、豊かさと貧困の関係については、「豊かさの中の貧困」に加えて、ほかに三つの組み合わせが考えられます。「豊かさの中の豊かさ」、「貧困の中の貧困」、「貧困の中の豊かさ」です。

日本にはかつて「貧困の中の貧困」時代がありました。戦後まもない焼け跡の経済状況の下では、誰もが貧困と奮戦していました。人びとが一丸となって貧困からの脱却を目指していた時代です。誰もが同じように辛かった時代です。

このように誰もが同じように辛い時、そこには、おのずと「共に生きる」力学が働く面があります。かの昭和の香りがいっぱいの映画『ALWAYS 三丁目の夕日』が、あれだけの人気を博したのも、そこに貧困の中の貧困と闘う人びとの共生感が滲み出ていたからでしょう。「豊かさの中の貧困」は分断をもたらすが、「貧困の中の貧困」には連帯を生む側面がある。実はそのようにいえる面があると思います。「貧困の中の豊かさ」も、連帯をもたらす力学を内包しているといえるでしょう。

　大多数の人びとが貧困に喘いでいるそのただなかで、一部の特権階級が突出した豊かさを謳歌している。この構図は貧困側に大いなる結束力をもたらします。フランス革命への踏み切り板となったのが、まさにこの「貧困の中の豊かさ」の構図だったといえるでしょう。

　2011年には、アメリカで「オキュパイ運動（Occupy Movement）」が巻き起こりました。ひと握りの人びとが富を独り占めにすることは許さない。そう叫んで、ウォール街の金融ビジネスを目の敵とする若者たちが立ち上がったのです。いみじくも、彼らのスローガンが「1対99」でした。99パーセントの貧困の中に1パーセントの豊かさが存在する。1パーセントの富裕層のおかげで、99パーセントが貧困ゾーンに追いやられている。彼らはそう主張したのです。かくして、「貧困の中の豊かさ」は貧困側を共に生き、共に闘う方向へと誘うのです。

　トランプ大統領を誕生させてしまった2016年の米大統領選では、民主党側の有力候補としてバーニー・サンダース上院議員が大いに注目されました。そして、

2020年の大統領候補を選ぶ民主党の戦いにおいても、またしても有力視される位置につけました。サンダース氏は、公然と社会主義的分配論を説く人です。このような人が、アメリカ政治の奔流の中に躍り出てくる。この現象もまた「貧困の中の豊かさ」がもたらす共生感と求心力がもたらしたものだといえるでしょう。

このように、「貧困の中の貧困」も「貧困の中の豊かさ」も、ひとまず、人びとを共生の構図に引き込む一定のエネルギーを内包しています。ここで「ひとまず」とか、「一定の」などという奥歯に物が挟まったような言い方をしているのには、理由があります。この点については後ほどすぐ立ち戻ります。その前に、残るもう一つの組み合わせである「豊かさの中の豊かさ」について考えておきたいと思います。

誰もが豊かな社会において、共に生きる感性は醸成されるでしょうか。これはなかなか難しいところです。

端的にいえば、答えは「豊かさの程度による」ということではないでしょうか。誰もが豊かさを享受できることは素晴らしいことです。ですが、あまりにも誰もが豊か過ぎる中で、果たしてどこまで共生感が共有されるでしょうか。人びとは、どこまでお互いに手を差し伸べ合うでしょうか。

もしかすると、「豊かさの中の豊かさ」社会は、人びとがとても孤独な社会かもしれません。それぞれの富裕者がひたすら自分の富の保全と拡充を目指し、他者になど目を向ける気持ちもゆとりもない。助け合いの精神など、どこかに消え失せてしまう。金持ち王国は独りぼっちの王国。あまりにもリッチ族ばかりで溢れ返っている社会は、孤立と分断の社会と化してしまう恐れがありそうです。

さて、豊かさと貧困の四つの組み合わせをひと通り検討したところで、それぞれの共生力を評価してみましょう。共生力大を○、共生力中程度を△、共生力小を×とすれば、さしあたり次のようになります。

「貧困の中の貧困」　○
「豊かさの中の貧困」　×
「貧困の中の豊かさ」　△

「豊かさの中の豊かさ」　×〜△

「貧困の中の豊かさ」が△評価なのは、共生感がもっぱら貧困側に集中するからです。豊かさという共通の敵、99パーセントと対峙する1パーセントの存在が貧困側を結束させる。このように共生感が偏在している構図は、本当に人びとが共に生きている社会の姿だとはいえないでしょう。「豊かさの中の豊かさ」の×〜△という煮え切らない評価については、前述の通りです。豊かさの度が過ぎると×になる。だが、誰もが程よく豊かであれば、ゆとりと安心感の中で仲よくやっていけそうな感もある。このイメージを表現しました。

さてそこで、この評価結果をどうみるか。これはなかなか困った結果になってしまいました。この評価表に従えば、我々が共に生きる力をしっかり身につけるには、「貧困の中の貧困」つまり焼け跡経済の世界に戻っていくほかはないということになってしまいます。これはないでしょう。飢えや苦しみの中での支え合いは確かに麗しい。ですが、共生力を手に入れるには集団的逆境を「共にする」ほかはないというのは、あまりにも情けない。豊潤と喜びを独り占めしないで分かち合う時こそ、我々は本当に共に生きている。そうであるはずです。

そもそも、あの夕日がまぶしい三丁目も、もしも実際に我々がそこにタイムスリップすることになったら、それはそれは辛くて苦しい思いをするに違いありません。そこから脱却するためにこそ、三丁目の人びとは頑張ったのです。それなのに、そこに豊かさボケした我々がのこのこ登場して「これぞ共生だ！」などとはしゃいだら、「物見遊山気分で顔を出すんじゃねぇ」と住民の皆さんに怒られてしまうでしょう。「そんな暇があったら、自分たちの世界を何とかしろよ。もっと上手に分かち合えよ。しっかり共に生きろよ」と尻を叩かれそうです。

カツを入れられたところで、改めて評価表を見直してみましょう。

前述の通り、「豊かさの中の貧困」社会に「共生力×」の評価がついてしまうのは、貧困が豊かさの中に埋没して見えなくなってしまうからです。富裕層と貧困層との格差が大きければ大きいほど、貧困の姿は見えにくくなる。問題の勘所はここにあるのだと考えられます。

全体的に豊かな社会が、いかにしてその内なる貧困部分に目を向けるか。ここに、解決すべき課題がある。このことを、人びとが、そしてその意向を受けて政治と政策がしっかり認識して形にしていけば、「豊かさの中の貧困」社会こそ、実は理想的な共生社会と化す可能性を秘めている。そのように思えてきます。何やら、出だしの想定とはまるで違う場所に来てしまった観がありますが、これが発見の旅の妙味です。

「豊かさの中の貧困」社会をいかにして共生の理想郷に仕立て上げていくか。このテーマに焦点を当てて知恵を絞る努力を重ねる。この知恵出し過程そのものが、我々の共生力を高めてくれる。まずは、このように整理することができそうです。

下心政治が我々を共生から遠ざける

ちなみに、この点との関わりで実に気になるのが、安倍晋三首相の次の発言です。

戦後の焼け野原の中から、日本人は、敢然と立ちあがりました。東京オリンピックを成功させ、日本は世界の中心で活躍できると、自信を取り戻しつつあった時代。……そして、先人たちは、高度経済成長を成し遂げ、日本は世界に冠たる国となりました。当時の日本人に出来て、いまの日本人に出来ない訳はありません。

（平成27年　総理大臣年頭所感より抜粋、傍点筆者）

最も引っかかるのが傍点の部分です。

当時の日本人がやったことを、なぜ、いまの日本人がやらなければいけないのでしょうか。当時の日本人たちは、当時の状況を必死で乗り越えて、いまの状況に到達したのです。当時の日本人には、当時の日本人が取り組むべき課題がありました。それが「貧困の中の貧困」からの脱却でした。

いまの日本人には、いまの日本人が取り組むべき課題があります。それが「豊かさの中の貧困」です。それなのに、時代に逆行して高度経済成長期を再現しろと言う。これは見当違いの時代錯誤だと言うほかはありません。

なぜ、彼らはこのような時代錯誤的な目標にこだわるのか。この点については、他の拙著各種で繰り返し申し上げてきた通りです。安倍政権は、21世紀版の大日本帝国の構築を目指している。この21世紀版大日本帝国のために強くて大きな経済基盤を用意する。そのために打ち出してきたのが、彼らが言うアベノミクス、筆者の言葉でいえばアホノミクスにほかなりません。チームアホノミクスは、日本経済の今日的問題である「豊かさの中の貧困」の解消には関心がない。ただひたすら、「御国」のための経済基盤の形成だけしか考えていない。だから、経済全体としての豊かささえ増強されればいい。その中で、縦並び化する経済社会に取り残されていく人びとのことなど、頓着してはいないのです。強者と弱者が共に生きる。この構図は、国家主義者にとって無用の長物です。

現代の日本においてファシズム帝国を復元する。これがチームアホノミクスの大将の野望です。政治的下心です。この下心達成の道具として経済政策を濫用しようとしている。政治のための経済の手段化です。いかなる政治のためにも、経済を手段化することはご法度です。経済活動は人間による人間のための営みです。それを政治的動機の道具立てにすることは、たとえ良心的な政治的動機のためであっても許されない。いわんや、ファシズム帝国の再現などという不純さの極みというほかはない政治的野望のために、経済運営をハイジャックしようとする行動を看過するわけには断じていきません。

このような政策環境が、いまの日本において共に生きる経済社会の土壌形成への大きな阻害要因となっていることは間違いありません。

この政策環境の中に充満する闇と毒が、日本の企業と人びとの感性と行動を狂わせていく。企業を共に生きる方向感から遠ざけているのが、チームアホノミクスが打ち出した「攻めのガバナンス」という論法です。そして、人びとを分断と孤立に追いやっていくのが、チームアホノミクスが言うところの「働き方改革」構想です。それぞれの状況について、みていきたいと思います。

「攻めのガバナンス」に追い立てられてきた日本企業

下心政治が日本の企業部門にもたらした闇と毒。それは不祥事多発体質だと筆者は考えます。こう申し上げればご記憶が蘇るかと思いますが、２０１５年辺りから、日本企業による様々な不祥事が相次いで明るみに出るようになりました。おもだったものを列記してみれば、次の通りです。カッコ内は問題が発覚した年次です。

・旭化成建材社　くい打ちデータ改ざん問題（２０１５年）
・東洋ゴム工業社　免震ゴム性能データ改ざん問題（２０１５年）
・東芝　不正会計問題（２０１５年）
・三菱自動車　燃費算定根拠データ改ざん問題（２０１６年）
・日産自動車　無資格者による完成検査および有資格者「完検印」使用問題（２０１７年）
・スバル　無資格者による完成検査問題（２０１７年）、抜き取り検査時の燃費・

排ガス測定値改ざん問題（2017年）

・神戸製鋼　製品検査証明書掲載データの改ざん問題（2017年）

・東レ　100パーセント子会社東レハイブリッドコードの製品検査証明書掲載データ改ざん問題（2017年）

・三菱マテリアル子会社三社（三菱電線工業・三菱伸銅・三菱アルミニウム）　基準不適合製品のデータ改ざんおよび出荷問題（2017年）

不祥事多発に向けて促進剤の役割を果たしたのが、チームアホノミクスが持ち出した「攻めのガバナンス」の発想だった。筆者はそのように考えています。2015年は日本における「企業統治元年」と命名されています。この年の6月に日本版の「コーポレートガバナンス・コード」すなわち企業統治指針が施行されたからです。この指針の一つの軸となっていたのが、「攻めのガバナンス」の考え方でした。現に、この「コード」の中には、「……会社の迅速・果断な意思決定を促すことを通じて、いわば『攻めのガバナンス』の実現を目指すものである」という文言があります。さらには、「本コード……では、会社におけるリスクの回避・抑制や不祥事の防止といった側面を過度に強調するのではなく、むしろ健全な企業家精神の発揮を促し、会社の持続的な成長と中長期的な企業価値の向上を図ることに主眼を置いている」とまで踏み込んで「攻めのガバナンス」を前面に打ち出しているのです。

そもそも、「攻めのガバナンス」という言い方は定義矛盾だと言っても過言ではないでしょう。企業統治の重要性がクローズアップされ始めたのは、1990年代末から2000年代に入る時期です。グローバル競争が激化する中で、企業があまりにも稼ぐこと、儲けること、勝ち組となることばかりに専念し、その社会的責任や経営倫理をないがしろにする。そうした企業風土が様々な不祥事の温床となった。そのような企業たちに襟を正させなくてはならない。企業統治の強化という考え方は、この問題意識に端を発していたはずです。

ところが、日本の企業統治の「文明開化」は「攻めのガバナンス」から始まってしまいました。こんな状況の中では、不祥事の発覚が相次ぐのも不思議はなかった。

そのように思えるのです。

２０１５年の「企業統治元年」到来に先立って、チームアホノミクスは「２０１４年版日本再興戦略」という文書の中で、日本企業に対して「稼ぐ力を取り戻す」という課題を突きつけました。そして、稼ぐ力の指標として、「グローバル水準のＲＯＥ（総資本利益率）の達成」が示されたのです。さらに具体的に、このグローバル水準のＲＯＥを最低８パーセントと考えるべし、という数値目標まで設定されました。

こうして、企業側からみれば、まさに息つく暇もなく、稼いで稼いで稼ぎまくるため、攻めて攻めて攻めまくるための仕組みが次から次へとつくられていく。安倍政権下では、日本企業にとってそのような日々となっていったのです。このプロセスに追いまくられる中で、日本のモノづくりを代表する企業といえども、あるいはそのような企業であればこそ、ひたすら攻めの経営にばかり邁進するようになってしまった。不祥事抑制をあまり前面に出さない攻めのカバナンスに煽られて、攻めの経営まっしぐらの日々となってしまった。そのように見立てることができると思います。

ただ、正確と公正を期するために言っておけば、列記した一連の企業不祥事は、何も「企業統治元年」以降に発生したものばかりだというわけではありません。明るみに出たタイミングが２０１５年から２０１７年に集中しているのであって、10年前から続いているもの、あるいは、さらにそれ以前から常態化していたものも多いのが事実です。20年、30年前から当たり前の「標準行動」になっていたものもある模様です。そのような企業行動についてまで、チームアホノミクスを犯人扱いするわけにはいきません。この点はしっかり押さえておく必要がありますが、結論的にいえば、この時期に諸問題の発覚が集中したのには、やっぱり、「攻めるガバナンス」大号令のなせる業があったと思います。

筆者は、この大号令が諸企業における不祥事の深刻さを従来とは次元の違うところに引きずり込んだのだと推察しています。長らく定番化してきてしまっていた行動も、企業が「攻めろ、稼げ」と絶え間なく追い立てられる中で、一段と目に余る姿を呈するようになっていった。それに耐えかねた善良なる社員たちの内部告発が秘められていた不正を明るみに引きずり出した。それがこの間の経緯だったのではないかと筆者は思うのです。

それだけ、企業不祥事の内容や度合いが目に余るところまできてしまった。粉飾や改ざんの程度があまりにも極まった。そのことが、善良なる市民としての自覚の強い社員たちを問題提起に向かって追い立てた。そういうことではなかったかと思うところです。

ここにあるのは、内なる信頼関係が失われた企業の姿です。何はともあれ、収益力を示す指標の数値を整えなければならない。そのためには、何でもしなければならない。そういう心境に追い込まれていく経営陣。その経営陣に追い立てられて、やるべきではないことをやることを強いられる現場。このような企業の姿のどこをみても、共に生きる支え合いの構図は見当たりません。そこにあるのは、疑心暗鬼と隠蔽と罪の擦《なす》りつけ合いです。そのありさまに耐えかねた人びとの声が、闇と毒を明るみに引きずり出す。この間の経緯はこのようなものだったのではないか。そう思うところです。

「働き方改革」でギグワーカー化に追いやられる日本の働く人びと

チームアホノミクスが打ち出した「働き方改革」は、いまや法制化されてしまっています。その下で、さかんにプロモーションされているのが「柔軟で多様な働き方」です。これを有り体にいえば、フリーランス化の勧めです。「従業員」ではない位置づけで働く。このワークスタイルを推奨する。その方向に人びとを誘導していく。これがチームアホノミクスの基本戦略であるようです。

端的にいえば、これは、人びとを労働法制によってその人権が保護されている環境から引きずり出して、こき使われやすい世界に追い込んでいくという戦略です。第二次安倍政権が発足まもない段階で、チームアホノミクスの大将は、日本を「世界で一番企業が活動しやすい国」にすると宣言しました。その意味するところの一つは、要するに企業が労働者を安上がりにこき使いやすくすることにほかなりません。

この考え方が、彼らの「働き方改革」構想につながってきたのです。21世紀版大日本帝国の経済基盤づくりに役に立つと思われる企業たちにとって、都合のいい経営環境と労働市場を用意する。それがこの「世界で一番企業が活動しやすい国」宣言に込められた意図だった。そして、経営環境整備のために用意されたのが「攻めのガバナンス」体制であり、労働市場改変のために打ち出されたのが「働き方改革」構想だったわけです。

チームアホノミクスの「働き方改革」構想による「柔軟で多様な働き方」の勧めとの関わりで、気になるのが「ギグエコノミー」あるいは「ギグワーカー」という言葉です。ここ数年、欧米メディアにさかんに登場している言い方で、ここに来て日本でもブレークし始めています。

ギグは英語でgigと書きます。単発の仕事とか、短時間の労働、日雇い労働などを指す言葉です。ジャズの一回限りのセッションもギグと呼びます。今宵限りの単発的で即興的なパフォーマンス。そのイメージでギグがミュージシャン用語化したのです。

つまり、ギグスタイルの働き手たちは、職場から職場へと渡り歩いて、その時限りの仕事を数多くこなしていく。こうした形で生計を立てている人びとがギグワーカーたちです。フリーランサーや個人事業主などをこのように総称するようになっています。ギグワーカーを日本語の呼び名に言い換えれば、お座敷芸人です。お座敷がかかれば、その場に出かけていって芸を披露する。それがギグワーカーたちの仕事の仕方にほかなりません。お座敷からお座敷へと綱渡りしていくギグワーカーたちは、身分が実に不安定です。「従業員」ではない彼らの権利を守るための法的な枠組みは整備不充分です。むろん、競争はとても激しい。ギグワーカーたちは孤独です。自力単独で仕事の場所を確保していかなければいけません。共に生きるための連帯が、おのずと形成される世界ではとうていありません。

ギグエコノミーあるいはギグワーカーという言葉は、2008年秋のリーマン・ショック直後にアメリカで使われ始めたものです。あの惨事で多くの人びとが定職を失いました。それでも食いつないでいくために、彼らは単発仕事や日雇い仕事を掛け持ちするようになりました。兼業に兼業を重ねて生きながらえていく彼らを、人呼んでギグワーカーと称するようになったのです。

つまり、ギグワーカーやギグエコノミー化という言い方は、決して前向きな意味を込めて出現した表現ではないのです。厳しい経済環境の中で、必死で生きていこうとする人びと。その働く姿を描出するために生まれた言葉です。ところが、日本では、どうもこの言葉が今風で自由なワークスタイルを意味するような感覚で使われがちです。チームアホノミクスの「柔軟で多様な働き方」のプロモーションと二重写しになるような形で、トレンディ用語に仕立て上げられている雰囲気がとても気掛かりです。

前述の通り、ギグワーカー化するということは、労働法制によって働く人としての人権を守られている世界から飛び出ることにつながっていきます。モノ扱いされる危険に身をさらすことにつながりかねません。企業の立場からみれば、従業員ではないフリーランサーや個人事業主に仕事を外注することで、コストを下げ、過重労働に関する責任から我が身を解放することができます。政策や政治がギグエコノミー化を推進してくれれば、確かに、企業にとっては「世界で一番活動しやすい」

環境が整っていくことになります。このような目論見が意図的・政策的に進められている国は、日本しかありません。

他の国々でも、ギグエコノミー化は進んでいます。しかしながら、それを政策がプロモーションしているわけではありません。他の諸国では、政策はギグエコノミー化の進行に労働法制をどう対応させるか、ギグワーカーたちの人権を守るためにどう労働法制を変えるべきなのかを思案しています。日本でも、ここに来て少しずつ対応が始まっていますが、完全に後追いです。まずはギグ化の勧めが来て、いわばアリバイづくり的な対応措置が散発的に打ち出されてくる。そのような展開です。

このような政策環境の中で、人びとが共に生きるためにお互いに手を差し伸べ合うことは、なかなか困難です。まさに、それが困難になるように、人びとを孤独なお座敷芸人の世界に追い込んでいく。いまの日本においては、そのような政策力学が働いている。まさに闇深く、毒性濃い状況です。

無責任を決め込む21世紀の口入屋たち

ギグエコノミーと密着的な関係にある、もう一つの「エコノミー」があります。それがプラットフォームエコノミーです。

いわゆるプラットフォーム事業については、皆さん既によくご存じの通りです。その中軸を担っているのが、いま話題のGAFA（グーグル・アマゾン・フェイスブック・アップル）に代表される巨大IT企業たちです。プラットフォームを日本語化すれば、陳列棚あるいは屋台です。ギグエコノミーがお座敷芸人経済なら、プラットフォームエコノミーは屋台経済です。IT巨人たちがネット上に屋台を設ける。ギグスタイルで働くお座敷芸人は、そのネット屋台の上に自分たちの芸を陳列してもらう。お座敷経営者は、屋台上に並ぶ様々の芸の中から自分のお座敷にマッチするものを選択し、その持ち主である芸人さんに声を掛ける。芸人側もお座敷側も、次第次第に、プラットフォーマーたちが提供する屋台なしには商売が成り立たなくなりつつある。それが現状です。

確かに、ネット上の屋台事業者は、芸人とお座敷の双方に大いなる利便性を提供しているといえるでしょう。ただ、屋台事業者たちの姿勢には各種の問題があります。その一つが、自分たちの支配的な地位を利用して、屋台に自分の商品や技能を載せたい企業や芸人を自分たちの言いなりにしようとすることです。この態度には、他者と共に生きようとする感性がみじんもありません。

さらに問題なのが、屋台事業者たちの無責任さです。彼らは、自分たちは屋台提供者に過ぎないというので、製造物責任を負わない。品質保証を行わない。屋台上に商品を載せる事業者や、自分たちの技能を陳列するギグワーカーたちの権利を保護する気はサラサラない。自分たちは生産者でもなければ雇い主でもない。単なる屋台だ。だから、屋台上で繰り広げられる取引き上で何が起ころうとあずかり知らない。それが彼らの基本姿勢です。多少とも、共に生きる感性を持ち合わせていれば、このような徹底的無責任な姿勢を取れるはずはありません。

ここで頭に浮かぶのが、江戸落語に登場する「桂庵」のイメージです。別名「口《くち》入屋《いれや》」です。要は奉公人の紹介業で、まさに今日のプラットフォーマーたちと同様の機能を果たしていました。ぽっと出てきて、江戸で奉公先を探している田舎者。

包丁一本晒《さらし》に巻いて、職場を渡り歩く料理人。彼らは、すなわち、江戸時代のギグワーカーです。江戸版ギグワーカーたちは、桂庵に大変世話になっていました。ちなみに、桂庵という呼び名は、人の名前に由来しています。大和桂庵という医師が、江戸庶民のために奉公先や縁談の斡旋を買って出たことが発端でした。世話好きなお医者様だったのでしょう。

桂庵にも様々あって、下手をすれば女衒《ぜげん》（遊郭などで女性を強制的に働かせる業者）まがいのブラックなやり方で儲けていた悪徳業者もあったようです。ですが、落語に登場する桂庵は、その多くがなかなか面倒見がよくて、人情味豊かです。人使いが荒すぎる斡旋先については、ちゃんと警告を発してくれます。給料などの条件についても、斡旋先に対してきちんと掛け合ってくれます。21世紀の屋台事業者とは、実に対照的な責任感と面倒見のよさ。それが江戸の昔の口入屋の心意気だったのです。そこには、共に生きる感性が満ち満ちています。

「化け物使い」という落語の中に、「桂庵に言えば、いくらでも代わりは来るんだ」と息巻いて、ひたすら奉公人をこき使う吉田のご隠居さんという人が出てきます。

このご隠居に対して、気骨のある奉公人の杢助《もくすけ》さんが、「そうはいかねぇぞ」と逆襲する。「お前さんの人使いの荒さは知れ渡っているんだから、いくら桂庵に言っても、いまやそうそう右から左に人をよこしゃあしないよ。奉公人が欲しけりゃ、さっさと自分で動いて探し歩け」と。そうご隠居を叱り飛ばすのです。

江戸のギグワーカーがこれだけ強気に出られるのも、江戸のプラットフォーマーが責任を持ってきちんと斡旋先を吟味していることを知っているからです。決して、無造作・無責任にブラックな先にギグワーカーを送り込むようなことはしない。働き始めてからの労働条件についても、気配りしてくれる。そのことがわかっていれば、お座敷芸人も座敷主に思い切ってものが言える。そういうことになるわけです。

かくして、江戸のプラットフォーマーには、自分が仕事を斡旋するギグワーカーと共に生きているという認識がしっかり備わっていたのです。そして、そのような思いで取り扱ってもらえるおかげで、江戸のギグワーカー同士の間にも、共に生きる連帯意識が形成されていたとみてよさそうです。

「化け物使い」の中で、杢助さんが吉田のご隠居のところの奉公を買って出ようとすると、ほかのギグワーカー仲間が、あんな人使いの荒いところに行くのは「よせよせ」と、必死で親身に止めてくれるのです。誰もが自分の来し方行く末ばかりを考えて孤立しているような状況であったなら、落語台本の中にこんなシーンが書き込まれることもなかったでしょう。

立て、万色の労働者！

チームアホノミクスが「柔軟で多様な働き方」プロモーションで、人びとをギグワークの世界へ煽り込む。その勢いに押し流されてギグワーカー化してみれば、そこには無責任桂庵に徹するプラットフォーマーたちが待ち受けている。しかも、「攻めのガバナンス」の大号令で追い詰められる日本的経営からは、従業員と共に生きる意識がどんどん失われていく。

こんな状況下に置かれた日本の働く人びとには、何とも立つ瀬がありません。彼らがこの境遇に立ち向かって身を守っていくためには、連帯と団結しかありません。いまこそ、労働運動というものが力を発揮すべき場面です。

ところが、実際には、まさにいまほど労働運動が弱体化している時は、かつてなかったと言わざるを得ないでしょう。このような言い方は、懸命に頑張っておいでの労働組合の皆さんに誠に失礼で申し訳なく思うのですが、どうしても気掛かりになってしまいます。いまや、そもそも労働運動という概念そのものが希薄化してしまっている観があります。この言葉がもはやピンとこないという若き働く人びとがいそうです。

なぜ、そうなるのか。それは要するに労働の世界がすっかり多様化しているからです。かつては、誰もが工場労働者だった。その時代には、対峙する相手が誰なのかが実に明白でした。資本家による搾取から、労働者の人権と生活を守る。この労働運動の旗印の下に、人びとは容易に団結することができました。「立て、万国の労働者！」とみんなで斉唱することができました。

「立て、万国の労働者！」の時代は、みんなの課題が共通していました。誰もが、自分の状況改善のために立ち上がれば、それは、とりもなおさず、仲間の状況改善のために立ち上がることにほかならなかった。誰もが、同じ状況と境遇に当面していたからです。

自分の賃金を上げるために頑張れば、それは、他の労働者たちの賃金アップにもつながった。自分にとってよいことの実現を目指して運動すれば、それはみんなにとってもよいことの実現を目指すことを意味していたわけです。つまり、実は誰もがもっぱら「自分さえよければ」の利己的論理に従って動いているのであっても、現象的には、そのことが全員にとってもよい結果をもたらすという関係が働いていたわけです。

この状態の中では、「共に生きる」ことが大切だとか、「共に生きる」とはどういうことかということを、実は誰もあまり意識せずにすんでいた。そんなことをいちいち考えなくても、おのずと、成り行きとして「共に生きる」格好になっていた。それが、誰もがみんな工場労働者だったり、誰もがみんなサラリーマンだったりした時代の構図だったわけです。

ところが、いまや、同じ労働者といっても、そこには正規と非正規の格差がある。無期と有期の違いがある。しかもその上「柔軟で多様な働き方」の政策的大プロモーションが展開されるようになった。国境の内側に、数多くの外国人労働者が存在するようにもなりました。日本について言えば、ニートやフリーターと呼ばれるようになってしまった人びとの存在もあります。こうした中で、問題を共有し志を一つにするという労働組合の基本原理が、大いなる試練にさらされている。それが現状です。

これはなかなか厳しい場面です。ですが、この厳しさの中にこそ、新たな展開の余地があると考えるべきところでしょう。いまは「立て、万国の労働者！」の時代ではない。「立て、万色の労働者！」の時代です。労働の世界はいまや多色刷りです。実に様々な色合いの働く人びとが共存する時代になりました。この多彩な人びとの共存の構図をどう共生の構図に昇華させるか。この問いかけに応えることが、今日的労働運動に課せられた使命だといえるでしょう。幾千万の異なる独自色を持つ労働者たちが、「自分さえよければ」をひとまずさておいて、お互いに「あなたさえよければ」の観点から回答を模索する。この形が整えば労働組合は再び活気づき、労働運動が再び人権運動としての格調と勢いを帯びることになるのだと思うところです。共に生きるための労働運動。それが芽生えなければ、そこに出現してしまうのが共食いの世界です。共食いか共生き（ともいき）か。これがいま、労働運動に問われています。

本章の冒頭部分で提起した、「豊かさの中の貧困」状況にあるからこそ、その中で共に生きることが必要なのだという点について、ご一緒に考えてきました。「貧困の中の貧困」を共に生きることはおのずとできる。だが、豊かさと貧困という相異なり、ややもすれば対峙する関係にあるものが混在する状況の中においてこそ、意識的に共生を目指さなければいけない。この認識を共有させていただきました。この認識は、そのまま「立て、万色の労働者！」にも当てはまります。多様で相異なる者たちが支え合い、分かち合い、共に生きる。これが本当の共生です。一致や均一の中からは真の共生は生まれない。

かくして、本章の出発点と到着点の認識が一致したところで、旅の次のステップに進みたいと思います。

第2章　共に生きるとはどう生きることか

共に生きられるための条件と邪魔者

第1章では、いまの時代がいかに「共に生きる」ことを必要としているかについて考えてきました。

上手に共生できないようでは、我々はグローバル時代の中に潜む闇に引きずり込まれていく。そして、その闇が生み出す毒に侵されて、共生どころか共食いによる滅亡の淵に転落してしまう。このような認識に到達しました。

いまの時代は、自覚的に共生を追求しなければいけない時代。この点についても、認識を共有しましたね。なぜそうなのかといえば、人びとの状況が多様化しているからでした。いまは、「一億総中流」だったり、「一億総サラリーマン」だった時代ではない。「一億総同じ」なら、共生していくために自覚的努力は必要ない。だが、「一億すべて異なる者たち」となると、それらの異なる者たちが共に生きていくためには、常に自覚的な努力が求められる。「豊かさの中の貧困」の時代だからこそ、彩り様々な働く人びとが存在する時代だからこそ、お互いに自分と異なる他者をおもんばかって行動を律していかなければいけない。この心意気が共食いを共生き（ともいき）に変える。ここまで、話を進めてきたのでした。

となると、この旅の中で、我々が次に目指すべき宿場はどこでしょうか。何が旅の次の行程のテーマとなるでしょうか。

すぐおわかりいただけます通り、それは、多様なる者たちが共に生きるためには、何が必要かということですよね。どのような条件が整えば、我々多様なる者たちは、共に生きていくことができるのでしょうか。この点を解明していくのが、本章の課題です。

結論先取り的に申し上げれば、取り揃えたい条件、満たされるべき条件は、どうも四つあるように思います。その一が共感性。その二が開放性。その三が包摂性。そして、その四が依存性です。これらについて、順次ご一緒に考えていきたいと思います。

何を根拠にこれらの条件を持ち出すのか。「論拠はいずこに？」そう問いただしたい皆さんがおいでになるかと思います。ごもっともな要求です。これが学術論文であれば、論理的根拠をきっちり示す必要があります。ですが、本書はそのような研究の書ではありませんので、少々、独善的に突き進んでしまうことをお許しいただければありがたい次第です。ただ、そうは言っても、これらの条件を提示するに当たって、筆者の中に何の選択基準も根拠もないというわけではありません。それなりに詰めて考えた結果です。

この詰めの基準がどこにあるかと言えば、それは、筆者が常に自問自答を繰り返している「経済活動とは何か。どうあるべきか」という問いかけの中にあります。経済活動は人間の営みだ。人間しか携わらない活動だ。人間による人間のための営みである。経済活動がそのような営みである以上、経済活動は人間を幸せにできなければ、その名に値しない。そう筆者は確信しています。

このような認識に基づいて考えた時、まともな経済活動のあり方と共に生きる社会のあり方は、ほぼぴったり二重写しになるといえる。この前提に立って、経済活動が上手くいくための条件と重ね合わせる形で、多様なる者たちの共生社会を支える条件を考えてみました。その結果が、前出の四条件です。その意味で、これらの四条件は、エコノミストの観点からみた共生社会の四条件だといえます。

条件話の行き掛かり上、ここで、筆者が考えるよきエコノミストの三条件をご紹介しておきます。それは、一に独善性、二に懐疑性、三に執念深さです。独善性を言い換えれば、自分はいつも正しいと確信して止《や》まないこと。懐疑性を言い換えれば、自分以外の人はみんな間違っていると確信して止まないこと。そして、執念深さを言い換えれば、決して敗北を認めないことです。

もっとも、これだけではただ単にひたすら性格が悪い人間だということになってしまいそうです。トランプ親爺と同じではないかと言われてしまいそうです。ですから、これらを必要条件とすれば、充分条件として、真実を探求する燃えるような情熱、そして真実を前にした時の深い謙虚さをあげておきたいと思います。

ですが、それはそれとして、必要三条件の方は、エコノミストのみならず、社会科学に従事するすべての人びと、そしてすべてのジャーナリスト、そして芸術家にも共通に備わっているべきものだと確信するところです。

というわけで、共生社会の四条件についても、圧倒的な独善性と懐疑性と執念深さをもって、その正当性を主張したいと思う次第です。こんな言い方をする人間に、果たして共生力があるのでしょうか。少々、心配になってきました。

それはさておき、共生社会の四条件との関わりで、本章には目を向けるべきもう一つのテーマがあります。それは、これらの条件が満たされることを阻む要因の抽出です。我々の地球的共生を邪魔立てする、そのような要因とは何かを見定めることです。要は邪魔者探しですね。これもキチンとやっておかないと、共に生きるための構えもなかなか上手くは整いません。

邪魔者たちについても、結論を少し予告編的にチラつかせていただければ、次の通りです。邪魔者その一が、グローバル時代が引き出す焦りです。その二は、この焦りが生む国家の出しゃばり。そして、その三が、出しゃばり国家が生む成長至上主義だといえそうです。

ということで、いざ、次の宿場へ。

「共感性」とは相憐れむ力

ある一つのテーマについて考える時には、そのテーマが示唆する状態と、ちょうど逆の風景を考察することが、なかなか役に立ちます。つまり、人びとが共に生きられている暮らしが、どのような暮らしなのかを見極めたいのであれば、まずは、人びとが共に生きられていない暮らしについて考える。そうすると、展望が開けてくる。そういうことです。

さて、それでは、人びとが共に生きられていない暮らしに欠けているものとは、何でしょうか。まず第一に頭に浮かぶ欠落要因が、共感性です。共感性とは何か。端的にいって、それは人のために泣けることです。人のために涙することのできる目を持っている。誰もが、もらい泣きができる心の持ち主であれば、その共同体は共生力のとても強い共同体だといえるでしょう。

人のために泣ける人は、人のために喜べる人、人と共に笑える人でもありますよね。人間には、どうしても人の不幸を喜んだり、人の幸福が癪《しゃく》に障るということがあります。それもまた人間です。

肝心なのは、人間が不可避的に内に持ってしまっているそうした「意地悪性」を、どこまで抑えることができるか、どこまで振り捨てることができるかです。人間の中では、常に意地悪性と共感性が綱引きしている。そんなところでしょうか。願わくば、常に共感性に勝利してもらいたいものです。

共感性とは、すなわち相憐れむ力だと言い換えてもいいでしょう。ただ、この場合の相憐れむは、決して「同病相憐れむ」という意味での相憐れむではありません。ここは、注意を要するところだと思います。辞書で「同病相憐れむ」を引けば、「同じ苦痛を受けている者は、互いに理解し合い同情する念が深い」とあります。

明らかに、これは本当の共感性ではありません。同病者が相憐れむことも、よいことです。ですが、我々が共に生きていくためには、同じ苦痛を受けているわけではない者同士が、相手の苦痛に思いを馳せて涙することができなければいけません。ここが本当の共感性の勘所なのだと思います。「同病相憐れむ」は、前章で考えた「貧困の中の貧困」状態において発生する連帯に重なります。似た者同士の寄り添い合いも決して悪くありませんが、共感性の度合いを10段階で評価するとすれば、せいぜい、3くらいのレベルかなと思います。

3でも、0よりははるかにましです。それでは、共感性ゼロ状態をもたらす感性とは、どのようなものでしょうか。それは、三つの「無」だと筆者は思います。すなわち、無関心・無感動・無責任です。前章でみた現代の口入屋たち、すなわちプラットフォーム事業者の精神性がこれに相当するといえるでしょう。

三つの「無」の背後に横たわっているのが、想像力の退化現象だと思います。想像力が欠如している者に、他者の痛みはわからない。他者の痛みに思いを馳せられなければ、他者の状況に対しておのずと無関心になる。人の悲しみや喜びを想像できない者は、感動することができない。無関心で無感動な者には、責任ある行動を取ることはできません。

人びとを共感性から遮断する想像力の低下とそれに伴う「三つの無」は、どういう状況の下で出現してしまうのでしょうか。どのような世界に踏み込むと、これらの負の感性が前面に出てしまうのでしょうか。

その世界とは、分断と孤立の世界です。本章の冒頭で、共生のための条件とそれに対する邪魔者たちを特定していきたいのだと申し上げました。分断と孤立の世界は、邪魔者たちが共生社会に向かう途上に打ち立てようとする分厚い壁の一つだといえるでしょう。

「柔軟で多様な働き方」の勧めがもたらすギグワーカーたちの孤独。先生たちをお互い同士から分断する忙し過ぎの教育現場。むやみに「自立」を強要する社会体制。「多様な教育」とか、「多様な働き方」という表現で、異なる特性を持つ人びとをお互いから引き離す政治と行政。こうした分断をもたらす障害物が、人びとの前に立ちはだかる。

分断されれば、人間は孤立します。孤立させられた人間たちは、恐怖に駆られます。恐怖は、人間から信頼を奪います。疑心暗鬼の暗黒に、人びとを引きずり込んでいきます。疑心暗鬼のとりことなった人びとは、攻撃的になります。そして、まったく自分のことしか考えられなくなります。

こうなってしまえば、人の痛みがわかるどころではありません。人のために涙するどころではありません。自分が泣かずにすむためなら、人をいくら泣かせてもかまわない。そのような心境に転落していくことになってしまいます。

江戸の長屋社会にみる「開放性」

「共に生きる」ための第二の条件としてあげたのが、開放性でした。分断と孤立の世界は、閉鎖性の世界です。閉ざされた世界に封じ込められている者たちは、決して相憐れむことはできません。開放的な人間関係がないということと、「共に生きる」ということは、そもそも、本源的に矛盾していますよね。

「隣は何をする人ぞ」があまり詮索的になるのは怖いことではあります。ですが、お隣さんに対するまったくの無関心や、お隣さんとの関係をまったく排除してしまおうとする閉鎖性は、間違いなく、「共に生きる」共同体から我々を遠ざけてしまうでしょう。よきお節介、賢きお節介、優しきお節介は、共生社会に不可欠の要素だと思います。

開放的な社会とは、どのような社会でしょうか。

ここで、またしても、落語の世界が頭に浮かんできてしまいます。古典落語が語る江戸の長屋社会こそ、開放的な社会の一つの典型ではないかと思われます。ただし、古典落語が当時の長屋社会を完璧に実写的でリアルに描き出しているとは限りません。多分に美化されていると考えておくべきでしょう。ですが、それはそれで、当時の人びとがどのような共同体的あり方を理想としていたのかがわかるわけですから、その観点から大いに参考にして問題ないでしょう。

落語が描く長屋の住人たちの間には、とっても薄い壁による隔たりしかありません。彼らは、隣が何をする人なのかを実によく知っている。彼らは、もらい泣き力が抜群の人びとです。人の痛みを自分の痛みとして受け止めて、何か問題があれば互いに支え合い、当然のようにみんなが知恵を出し合って問題解決に当たる。長屋社会では、誰も、誰も、誰からも分断されない。誰も孤立することはない。

しかも、さらに印象的なのは、この長屋感覚が必ずしも同じ長屋の住人同士の関係に限定されるわけではないということです。

落語好きの方なら、「唐茄子屋政談《とうなすやせいだん》」という演目をよくご存じだと思います。道楽が過ぎた若旦那が、親父さんの激怒を買って勘当される。同情的な叔父さんが、唐茄子（かぼちゃ）の行商ができるようにセットアップしてくれる。天秤棒《てんびん》を担いで出かけた若旦那。色男だから、当然、力はない。足がふらついて転んでしまい、唐茄子を路上にぶちまける。そのみじめな姿を、通りすがりのお兄さんが目にとめて気の毒がる。

そして、散乱した唐茄子を懸命になって売りさばいてくれる。知り合いはもとより、まったく見ず知らずの通行人にも、手当たり次第に声を掛ける。脅したりすかしたり工夫を凝らして、唐茄子を買わせる。とうとう、ほぼ完売というところまでこぎ着ける。そこから先はまた話が違う展開を示します。したがって、通りすがりのお兄さんの役割は、ここでお仕舞《しまい》ですが、共生社会の理想形を追い求める我々にとっては、このお兄さんの行動様式がとても貴重な思考材料です。

このお兄さんの共感性は大したものです。まったく見ず知らずの頼りない若旦那のために、時間と労力を惜しみなく提供しています。その開放性は大変にスケールが大きい。彼の共感は、自分の身内や知り合いだけには決して限定されません。面倒見がよくて、お節介で、孤立などということとは、およそ無縁のキャラクターです。こういう人がたくさんいる社会は、間違いなく共生が上手でしょう。

江戸落語の登場人物たちは、「同じ長屋のよしみで」などというケチくさい了見では、ものを考えない。彼らにおいては、人類みな友達です。日本は仲間社会で身内社会だとよく言われます。ですが、このお兄さんにとっては、人類みな仲間でみな身内です。

前述の通り、実際の江戸の庶民社会が、どこまでこのようなおおらかさに満ち溢れていたかは、定かではありません。ひょっとすると、あまりにも、そうしたおおらかさが欠けていたからこそ、落語の中に理想のロマンを求めたのかもしれません。ですが、もしそうだとすれば、それだけ、共感と開放の世界に人びとが憧れを抱いていたということにほかなりませんよね。結構なことです。

共存を共生に発展させる「包摂性」

「共に生きる」ための第三条件に進みましょう。それが包摂性でした。人びとが相互に抱きとめ合う。抱擁し合う。受け入れ合う。それが包摂性です。

多様な社会が共生の社会であり得るためには、この包摂性という要素が欠かせません。多様な人びとが、ただ単にひしめき合いながらそこにいるだけでは、共生社会は形成されません。多様な人びとがお互いに関わり合いを持ち、受容し合いながら生きているのが共生社会です。

共生は共存とは違います。ここまでの旅の中でも、この二つの言葉を使い分けてきましたが、この際、両者の意味するところの違いを改めて明確にしておくべきでしょう。

多様な者たちがそれぞれの陣地に引きこもって、並列的に存在している。この状態は共存ではありますが、共生とはいえません。壁のこちら側と向こう側で同時に生きている人びとは共存している。だが、決して共生してはいない。共生は共存よりはるかに難しい。共存を共生に発展させてくれるのが、包摂性です。

多様なる者たちの相互包摂を全否定するのが、全体主義の世界です。ナチス体制下のドイツや、旧ソビエト連邦、朝鮮民主主義人民共和国などがその代表事例ですよね。もちろん、戦時体制下の日本もそうでした。

ナチス時代のドイツでは、ほぼすべてのモダン・アートが「退廃芸術（Entartete

Kunst）」として排斥され、作品の発表が禁止されました。権力が是としないものは、一切排除する。まさに包摂性と最も遠いところにある考え方です。

筆者は、ロンドン在住時代に「独裁体制下の芸術」と題した展覧会を観に出かけました。ナチス・ドイツはもとより、ムッソリーニ政権下のイタリア、フランコ独裁下のスペイン、そしてソ連邦などにおいて、「『退廃していない』芸術」として容認された絵画や彫刻などを集めた展覧会でした。

政府のお墨付きを得たそれらの作品たちは、何と画一的で硬直的で平面的で没個性的であったことか。権力のお墨付きを得ることが、いかに創造性欠如の烙印を押されることを意味するか。均一性の枠組みの中に押し込められることが、いかに知的去勢をもたらすか。

そこにあるのは、「退廃していない」芸術にみる芸術の荒廃でした。包摂性のみじんもない風景が、何とも不気味で閉塞的でした。

「依存性」があるからこその共感力

共生のための四つ目の条件が依存性でした。依存の反対が自立ですよね。いまの世の中、自立や自己責任がとかく最重要視されがちです。「自立できる人間を育てる」ことが重要だというようなことが、よく言われますよね。確かに自立的に生きていくことは重要です。ですが、自立できなければ人間じゃない、というわけではありません。決して、自立できなければ生きる権利がないわけではありません。それこそ、誰も一人では生きていけないグローバル時代において、我々はどこまで自立に固執しなくてはいけないのか。大いに疑問を感じるところです。

しつこくて恐縮ですが、ここでも、またしても江戸の長屋に思いが及びます。長屋に住んでいる多様な人びとは、誰も自立していない。そう言っても過言ではないでしょう。

店賃《たなちん》（家賃）をちゃんと払ったためしのない不良住人が、大家さんの家のタンスの何番目の引き出しによそいきの羽織が入っているかは、ちゃんと知っていたりする。正装が求められるような場面に遭遇したら、あれを借りればいい。そう思って安心しているのです。独り者の大工さんが仕事に出かける時には、隣のおかみさんにご用聞きへの支払いから何から、万事を事細かにお願いしていく。長屋の世界は、相互依存が常識の世界です。

その中でも、最も自立していないのが、与太郎です。どの長屋にも、必ず与太郎がいます。何一つ、自力だけで一人前にできることはない。ところが、だからといって与太郎が長屋の住人としての諸々の役割やお仕事を免除されるわけではない。「月番《つきばん》」という形で持ち回る管理人業務は、与太郎にもちゃんと回っていきます。「与太郎には無理だろう」というので、除外されることはありません。わけへだてなく、仕事が割り当てられるのです。

しかしながら、彼が自力だけでそれをこなせないことは、誰もが知っている。だから、与太郎さんが月番の時は、他の住人がみんなでサポートに回るのです。それが当たり前になっている。与太郎さんも、そういうものだと思っている。決して引け目を感じたり、肩身の狭い思いはしていない。みんなに依存して生きていることを、負担に思うことなど、一切ない。サポートする方も、妙な気遣いなどはせずに、せっせと与太郎の支援に励んでいる。

いつでも、誰でも、誰にでも依存することができる。それが前提になっている社会において、自立は無用の長物だとさえいえるかもしれません。あまりに自立性が大手を振って出しゃばるようになり、依存性が後景に退くことを強いられると、与太郎さんの居場所がなくなってしまう。与太郎に居場所のない社会は共生社会ではありません。

どうも、本書は何かにつけて落語の話に頼りがちですが、依存性の重要さと美学については、ほかにも、それを我々に雄弁に語りかけてくれる情報源があります。皆さんは、「ドン・キホーテ」をご存じでしょう。16世紀から17世紀に活躍したスペインの文豪、ミゲル・デ・セルバンテスの代表作です。オペラ化もバレエ化もされています。『ラ・マンチャの男』として、世界中で絶大人気のミュージカルになっていることも、ご承知の通りです。

ドン・キホーテは老いゆく下級貴族。騎士物語の読み過ぎで、すっかり正義のヒーロー気分に浸ってしまいます。そして、世のため人のための勧善懲悪の旅に出かけていく。相棒がサンチョ・パンサ。村のお百姓さんで、ドン・キホーテ様によって従士役にリクルートされます。ご主人様の奇行妄想に辟易《へきえき》しながら、忠実にどこまでもついてゆきます。

ドン・キホーテのハートはピュアで、気性はまっすぐです。勇気もあるし、優しさもある。間違いなく、人のために泣ける人です。「立てこもり癖」とは無縁の開放性を持っている。あまり妄想に駆られ過ぎて我を忘れていない限り、人を抱きとめる包摂性にも富んでいます。だが、自立はしていない。この長編小説が始まる頃は初老の騎士ですが、どんどん高齢化していく。サンチョのサポートがなければ、事実上何もできない。要介護系です。行く先々で、多くの人たちの優しさに依存しながら、使命達成に向けて歩みゆく。

絶大人気の『ラ・マンチャの男』の中でも、ひときわ絶大の人気を博した曲が「見果てぬ夢」です。その中で、ドン・キホーテは、自分に託されたミッションについて謳い上げます。それは、不可能を可能にすること。正しにくきを正すこと。倒しにくきを倒すこと。勇気ある者たちが踏み込みにくき場所に駆け入ること。そして、天に与えられた使命のためなら、地獄に踏み込むことをも躊躇しない。涙なくしては聴けない曲です。ドン・キホーテの熱き共感が、我々の中の共感を呼び覚まします。

次第に足腰も立たなくなりながら、ドン・キホーテはこの見果てぬ夢を追い続けます。自立力なく、他者に依存し続けながら。この人が行く先なら、どこにでも、必ず共生社会が生まれることでしょう。

以上、共生社会を支える四つの条件についてみてきました。続いて、これらの条件が満たされることに対して、邪魔立てしようとする三つの要因の方に目を移していきたいと思います。

グローバル化が生む焦り

グローバル時代になり、いまではヒト・モノ・カネがいとも容易《たやす》く国境を越え、そればかりか世界のどこにいても、お互いにお互いが、いま、何をしているのかさえ24時間リアルタイムでわかるようになっています。隣どころか、地球の裏側でも、そこに何をする人がいるかを知ることができてしまう。「破グローバル化」に勢いがついてしまうと、この辺にも変調が生じることになるかもしれませんが、さしあたり、ネットを通じた地球的つながりの広がりは依然として大変なものです。

皆さんはブータン王国という国をご存じでしょう。あの幸福度世界一で知られる国です。ブータンは、実をいえば結構な閉鎖社会です。その意味で、完全に共生社会の条件を満たしているとはいえません。この辺も、もう少しじっくり考えてみるべきポイントですが、取りあえずそこは置くとして、そのブータンにさえ、最近はネットカフェができているのです。ネットにパソコンをつなげば、一瞬にして世界とつながることができるのです。

このような環境を世界の人びとが共有することは、基本的に素晴らしいことだと思います。そこには、まさに共生社会の成立要件の一つである開放性があります。ただ、問題はこのグローバル時代の開放性が、「共感性」と「包摂性」と「依存性」という他の共生三条件と上手く折り合いがつく種類の開放性かどうか、という点だと思います。

開放性は人びとを伸び伸びとさせます。開放がもたらす解放とでもいうべきでしょうか。ただ、詳しくは第3章でみることになりますが、いま、我々が生きているグローバル時代はあまりにも従来と違います。巨大な地球経済が、様々な波紋を引き起こしながら、我々の生活の中に遠慮会釈なく飛び込んできます。巨大ではあるが、存外に窮屈感がある地球経済が、ネットを通じて押し寄せてくる。なぜ窮屈感があるかというと、従来であれば出会う可能性が低かった人びとや企業たちがバーチャル空間の中でひしめき合うようになっているからです。

そのような、いままでとはあまりにも勝手の違う舞台の上で、パフォーマンスしなければならない。いままでとは、まるで違う競争相手と競い合わなければならない。従来なら競争相手になることはなかったであろう人びと、はるか遠くにいて顔が見えない相手と仕事を奪い合わなければならない。サバイバル競争が、従来とは次元の違う濃密さと厳しさを帯びている。

このような環境は人びとを不安でいっぱいにします。焦らせます。不安と焦りに駆られた人びとは、逃げ込む場所、引きこもれる場所を求めるようになります。自分を焦らす新環境の襲撃を阻止してくれる閉鎖空間が欲しい。こうした心境に陥ります。こうなってしまうと、人びとは、他者のために涙する目を失い、他者を抱きとめる手を失い、互いに支え合う心を失ってしまう。ここが今日的状況の要注意なところです。

このグローバル環境の中では、企業もあくせくしがちになります。「攻めのガバナンス」で追い立てられる日本企業をはじめ、世界中の諸企業が一刻も早く勝ち組筆頭のポジションを確保したがっている。そして、その地位を決して追われることはないところに逃げ込みたいと考えている。ここにも、やはり不安と焦りが渦巻いています。不安と焦りを抱いた企業はゆとりを失い、その共生力は萎えていきます。

焦りが生む国家の出しゃばり

焦りと不安に駆られた人びとは、寄る辺《よべ》を求めます。押し寄せてくる地球経済からの逃げ場ですね。こうなった時、しゃしゃり出てくるのが国家という存在です。ヒト・モノ・カネが国境を越えてなだれ込んできたり、飛び出していったりする。

この状況がもたらす不安感を払しょくしてほしい。国境の内側に引きこもって安心したい。地球経済という広過ぎる部屋の中で開所恐怖症に陥った人びとは、国家という名のニッチに逃げ込んで安心したくなる。この心境が、「強い日本を取り戻す」とか、「アメリカを再び偉大な国にする」という国威発揚的な誇大妄想に台頭の余地を与えてしまう。ここに、いまの時代の怖いところがあるのだと思います。

ところで、常々、筆者は、経済活動は三角形だというイメージを抱いてきました。ヒト・モノ・カネを三辺とする三角形。このように経済活動をとらえることができます。

視点を変えれば、経済活動の三角形の三辺に地球と国家と地域を置き換えることもできます。さらには、成長と競争と分配という3要素を、経済活動三角形の三辺に見立ててもいいでしょう。

グローバル時代がもたらす焦りが国家の出しゃばりを許す。このような展開になってしまうということは、経済三角形の三辺「地球・国家・地域」版において、国家の辺が妙に引き延ばされてしまうことを意味します。

そうなれば、三角形の形は崩れます。地球の辺の存在感を少しでも希薄化しようとして、国家の辺が胸を突き出し、声高に号令を発する。それが経済活動の三角形をいびつな形に変形させてしまうのです。

その場合、地域の辺は、国家による地球退治に付き合わされることになります。「地方創生」を合言葉に、安倍政権が地域社会に対してさかんに号令をかけてきたのも、国家による地球への逆襲願望の表れだといえるでしょう。

御国のために、やれ頑張れ、それ頑張れ。強い国家を取り戻そう。そのように鼓舞される中では、人びとはなかなかお互いに共感し合うことができなくなります。「地方創生」の成功度を、地域間で競い合うことにでもなろうものなら、共感も包摂も相互依存もすっかり脇へ追いやられてしまいます。

国家の出しゃばりが生む成長至上主義

地球・国家・地域の三角形において国家の辺が出しゃばると、他の二つの三角形にどのような影響を及ぼすのでしょうか。

まず、成長と競争と分配の三角形について考えてみましょう。この三角形に関していえば、国家の出しゃばりは成長への強いこだわりという形を取ることになるといえるでしょう。強くて大きい経済をつくり上げる。そのためには、成長する経済を目指さなければいけない。そのような論理が前面に出ることになります。

現に、「強い日本を取り戻す」ことに執念を燃やす安倍政権の経済政策は、そのために「成長できて世界一になれる経済」を執拗に追い求めてきました。経済成長を求める気概を失った国はもうだめだ。日本は、もう一度力強く成長できる。アホノミクス語録には、こんな言い方が随所にちりばめられています。

しかしながら、現実問題として考えれば、いまの日本の経済活動三角形において、手当てを必要としているのは成長のベクトルではありません。分配のベクトルです。何にしろ、既にみてきた通り、いまの日本経済は「豊かさの中の貧困」問題を抱え込んでいるのです。これは、まさしく分配の歪みの問題です。この歪みを是正することが、日本における経済政策の今日的な課題です。

それなのに、人びとの焦りを背景にしゃしゃり出てきた国家のベクトルが、やたらに成長のベクトルを引っ張り延ばしたがる。こうして、「地球・国家・地域」の三角形に生じた変形が、「成長・競争・分配」の三角形に対しても、その形を突き崩す力を及ぼしてしまう。ただし、一つの経済にとって、いつでも分配の辺が最重要視されなければいけないのかといえば、決してそうではありません。若い経済には、成長が必要です。沈滞経済は、競争による刺激を必要とします。そして、豊かな成熟経済には、上手な分配が求められます。経済活動の三角形は、動く三角形です。時代と状況に応じて、三辺の関係が適時・適宜に変化していかなければいけません。

競争が封じ込められれば、強い者たちがやる気をなくします。分配を怠れば、弱い者たちが痛みます。経済活動を大きくすることが課題である時に、成長を否定すれば、人びとの生活が行き詰まります。

例えば、旧ソ連邦に代表される社会主義経済の場合は、どうしても、経済活動が分配に偏り過ぎる。競争を否定して分配を優先させる。強い者も弱い者も、能力のある者もない者も、みんな同じで、経済活動の果実はみんなに均等に配られる。いくら一生懸命に努力して働いても、人よりも豊かな暮らしは送れません。

こうなると、誰もがやる気をなくして、経済活動が活力を失います。やる気をなくした者たちの間に共感は生まれません。抱きとめ合う包摂力も、開放的な相互依存関係も、どんどん萎えていってしまいます。

逆に、アメリカ流の新自由主義的な経済力学の中では、競争のベクトルが圧倒的な存在感を発揮してしまう。強き者たちが成功の果実を独占してしまう。儲かる企業はその利益を使ってさらに事業を拡大して、ますます利益を増やしていけます。個人にとってもチャンスに溢れている社会で、自分が稼いだお金を投資に回して、さらにそれを増やすことができるのです。

しかし、その一方で、貧しい者は切り捨てられていきます。富める者と貧しい者の格差が限りなく広がっていく。格差の淵を挟んで対峙する者同士の間に、共感が生まれる余地はありません。この淵を越えて抱きとめ合うことは至難です。それぞれが自分たちだけの閉鎖社会に引きこもる。そこには、「同病相憐れむ」はあっても、おおらかな相互依存は成り立ちません。

かくして、計画経済型も新自由主義型も、経済活動の三角形に歪みをもたらします。三辺の関係がいかに折々の状況を的確に反映するものになっているか。いまこの時、てこ入れをすべきベクトルに正しく焦点が当てられているか。ここがポイントです。ところが、焦る国家が出しゃばり始めると、そのことは、必ず成長のベクトルばかりに常に焦点を当てる政策展開をもたらしてしまいます。

ヒト本位からカネ本位へ

「ヒト・モノ・カネ」版の経済三角形に進みましょう。成長至上主義を生む国家の出しゃばりは、経済活動三角形の「ヒト・モノ・カネ」版には、どのような歪みを与えるでしょうか。

これはもう、すぐにおわかりですよね。国家が出しゃばれば、人びとはその歯車役と化すことを強いられることになります。

「ヒトによるモノづくりのためのカネ回し」。これが、ヒト・モノ・カネの経済活動三角形における正しい順列です。あくまでも、ヒトが主役です。経済活動は人間の営みですから、これは当然のことです。そのヒトによるモノづくりと、モノのやり取りを支えるためにカネがある。こうでなければ、人間による人間のための人間を幸せにできる経済活動は成り立ちません。

ところが、国家至上主義がもたらす成長至上主義の下では、「カネによるモノ回しのためのヒト使い」が、この三辺の関係になってしまいます。資本の動きを様々な規制から解放し、思う存分、モノづくりを加速し大型化できるようにする。この構図の中に、ヒトは付加価値製造装置として組み込まれ、こき使われることになる。こうして、強い国家の土台となる強い経済を築き上げる。

このような力学が働く中では、共生社会の土台はどんどん崩れていくばかりです。付加価値製造装置と化した人びとは、お互いのために涙するゆとりを失う。「多様な働き方」や「多様な教育」がもたらす分断と孤立の力学の下で、包摂性からどんどん引き離されていく。開放的に手を差し伸べ合う関係からどんどん隔絶されていく。ヒト本位からカネ本位に変貌してしまった経済社会は、「共に生きる」力を失っていくばかりです。

こうしてみてくると、グローバル時代の到来は、国家を追い詰めることによって、我々を実に厄介な状況の中に引きずり込んだといわざるを得ません。しかしながら、だからといって、我々が地球時代に背を向けるわけにはいきません。それをすれば、我々は、自らの手で自分たちを国家本位で成長至上でカネ本位の経済活動の中に封じ込めていくことになってしまいます。自らの選択によって、自分たちを共生社会から遠ざけることになります。こんな落とし穴に転落するのは、あまりにも賢くなさ過ぎますよね。グローバル時代を賢く共に生きていく知恵の発見が求められています。

この発見が奏功するためには、まず第一に、グローバル時代という時代がそもそもどのような時代で、どのような経緯で出現してきたものであるのかを、改めてしっかりと把握しておかなければなりません。

いまに至る過程で何があったのか。どうなったから、こうなったのか。こうなったのは、どうなったからなのか。これらのことを改めて整理していく中で、グローバル時代を「共に生きる」ための知恵に接近していきたいと思います。それが次章の課題です。

そのため、この旅の次の行程は歴史探訪的なところから始まります。「破グローバル」の力学が頭をもたげているいま、何がどうしてどうなって、ここに至ってしまったのかを探究してみたいと思います。それをすることで、何をどう矯正すれば善きグローバル時代、すなわち共に生きるグローバル時代をつかみ取るためのすべを見極めることができるのかがわかる。それがわかれば上々でしょう。

第3章　カネの暴走からヒトの共生をどう守るか

いまは第三次グローバル化時代

グローバル時代は、いつ、どこから、どうやって到来したのか。まずは、そのことを確認しておきたいと思います。

戦後の70年余りは、大きく分けて終戦から「東西冷戦」体制下の時代（1945年から89年）と、90年代以降のグローバル化の時代に区分できます。この先、「破グローバル」の方向に向かうのか否か。その天下分け目に、我々はいままさしかかっている。そういうことでした。

グローバル時代への転機となったのが、1989年におけるベルリンの壁の崩壊という歴史的な出来事でした。ベルリンの壁が崩れたことで、三つのことが起こりました。第一に、政治的一体化が進んだことです。冷戦体制下における東西両陣営への政治的分断がひとまず終焉しました。第二に、それに伴って経済的な一体化も進みました。国境なきグローバル市場が形成されることになったのです。第三に、技術的枠組みの画期的な変化です。冷戦解消とともに、両陣営が軍事機密扱いしていた技術の民間転用が進みました。このプロセスの中から飛び出してきたのが、インターネットであり、IT技術でした。この三つの変化によって、それまでとはまったく異質の世界が現出することになりました。その世界、すなわちグローバル時代の世界をいま、我々が生きているわけです。

もっとも、グローバル化という現象が人類史上に現出したのは、実をいえば、これがはじめてのことではありません。一番最初のグローバル化の時代は、15世紀半ばから17世紀にかけてでした。第二次グローバル化は18世紀から19世紀にかけて進行しました。つまり、1990年代以降の展開は、人類における第三次のグローバル化現象だというわけです。

第一次グローバル化の時代は、いわゆる「大航海時代」でした。帆船《はんせん》というものが出現し、ヨーロッパの血気さかんな冒険野郎たちが次々と大海原に出ていった時代です。その先鞭をつけたのは、ポルトガルの「航海王子」として有名なエンリケ王子です。彼はアラブの商人たちに東方貿易を独占されているのに業を煮やし、直接取引きできる道を拓こうと新航路の発見に乗り出したのでした。

その後、喜望峰回りの航路を見つけたバスコ・ダ・ガマや新大陸を〝発見〟したクリストファー・コロンブスなどが続き、地球は丸いということが実証され、世界の地図が大きく書き換えられることになりました。

第二次グローバル化は、「産業革命」とともに進行しました。蒸気機関が発明され、帆船に代わって蒸気船が運航するようになりました。そのことによって、人びとの行動範囲はさらに地球大に広がりました。国々の国内に目を向ければ、工場というものが誕生し、家内手工業から工場における量産の時代へと近づいていったのです。鉄道網が巡らされて蒸気機関車が線路上を走るようになると、取引きの広がりにも変化が現れました。それまでは地域共同体ごとの市《いち》で行われていた売買が、次第に国内統一市場としての広がりを持つようになりました。対外貿易も一段とさかんになっていった時代でした。

そして、21世紀を迎える直前というタイミング、20世紀最後の10年に入ろうというところで、今回の第三次グローバル化がやってきたのです。

お茶の間に飛び込んだグローバル化

今回の第三次グローバル化は、過去二回のグローバル化現象とは大きく違う特性を持っていると思います。この違いがあるからこそ、いまを生きる我々は、意識的に「共に生きる」すべを身につけなければならないのだといえるでしょう。

過去二回のグローバル化の下では、地球はどんどん大きくなっていきました。新航路が形成され、新大陸が発見され、地平線がみるみる遠くに退いていく。そして、視界がぐっと広がっていく。それが、過去二回のグローバル化の効果でした。人びとは、さぞや、どんどん広いところに出ていけるという解放感を味わったことでしょう。

他方、今回の第三次グローバル化についてはどうでしょうか。いまの世の中、地球はむしろどんどん小さくなっているといえるのではないでしょうか。ITでつながる我々にとっては、地球の裏側が「すぐそこ」にあります。地平線がどんどん目の前に迫ってくる感じです。地球上のどこで起こっている出来事についても、我々は時空を超えてリアルタイムで知ることができてしまいます。

それればかりか、それらの出来事がたちどころに我々の日常に影響を及ぼします。今日の我々は、情報網でつながっている。サプライチェーンでつながっている。市場を通じてつながっている。どんどん狭くなる地球上で、押し合いへし合い、ひしめき合っている。それが第三次グローバル化の下における人びとの日常風景でした。

ところが、新型コロナウイルスの襲来によって国々間のヒトとモノの往来に制約が生じた。街行く人びとも、お互いに物理的距離を保つよう配慮するようになった。こうなってみると、第三次グローバル化の下で、いかに地球が狭まり、人と人との距離が国境を越えて接近していたかということが、改めて実感できるように感じます。

第三次グローバル化の下では、地球が我々のお茶の間に随分とあつかましく飛び込んでくるようになった。そのようにもいえると思います。リーマン・ショックがいかに急速に国々の実体経済に波紋を及ぼしたことか。いかに一つの金融市場の混迷がたちどころに世界中の金融市場を震撼させたことか。この密着感こそ、第三次グローバル化時代の特性です。密着感と侵略性と言ってもいいでしょう。地球が我々のお茶の間にぐんぐん踏み込んでくる。侵入してくる。そんなイメージです。

こうした密着感と侵略性から我がお茶の間を守りたい。人びとのそのような思いと危機感が、共に生きることを難しくする。この面を否定することはできないでしょう。お互いに、遠きにありて思い合うことはできても、あまり接近してくると押し戻したくなる。それが人情というものです。夫婦も別居状態なら仲睦まじくできる。だが、同居するとどうもいけない。そんな人間の感性を克服して、狭隘《きょうあい》化する第三次グローバル化時代の地球をどう分かち合っていけるか。それが問われるところです。ますます、我々の共感性と開放性と包摂性と依存性が試されていくことになります。

お茶の間から地球を制したミセス・ワタナベたち

ここまで、第三次グローバル化時代の黎明期についてみてきました。ここからは、その後に生起してきた諸々の展開について、共生社会への影響という視点を意識しつつ考察していきたいと思います。特に「ヒト・モノ・カネ」版経済三角形のヒトとカネの二辺を軸に考えていきます。

第三次グローバル化が進む中で、最も地球狭しと駆け巡るようになったのが、カネだといって間違いないでしょう。むろん、モノの取引きも幅広くグローバル化しましたし、モノづくりの多くの部分についても、グローバル・サプライチェーンが形成されました。ヒトもグローバル人材化し、国境を越えた横並び化が進みました。しかしながら、カネのグローバル化はヒトとモノをはるかに凌ぐスピードとスケールで進行しました。

カネの劇的なグローバル化を支えた一つの要因が、第三次グローバル化の大きな原動力となったITです。１９８０年代は金融自由化の時代でした。１９９０年代に入ると、そこに金融IT化の動きが加わることになりました。この組み合わせの中で、カネの世界はまさに地球的な広がりを持つに至りました。

そのことが、経済三角形のヒトの辺にも影響を及ぼしました。グローバル化したカネが、まさしく人びとのお茶の間に飛び込むようになったのです。ネットへのアクセスさえあれば、誰でもデイトレーダーになれる時代が到来したからです。誰もが、お茶の間に居ながらにして、ワンクリックでグローバルな投資家になれる。そのような投資環境が出現したのです。

ここで、「ミセス・ワタナベ」を思い起こされる方がおいでになるかもしれません。2000年代中頃の外国為替市場において、一日のうちの昼を挟んで午前・午後で相場が正反対の方向に振れるという現象が繰り返し起こるようになりました。何が起こっているのかを調べていくと、主婦層を含む日本の個人投資家によるFX（小口外国為替証拠金取引き）が主因であったことが判明しました。そこで、イギリスの報道機関が現地でよく知られた日本人の名前である「ワタナベ」を連想し、そうした日本の新個人投資家層を「ミセス・ワタナベ」とネーミングしたのです。

どちらかといえば、専業主婦よりも若手の働く男女が中心だったようですが、家事のあいまに自宅でクリック連打に打ち込む主婦たちも間違いなく存在しました。そのイメージが海外メディアに強烈な印象を与えたのです。実際にも、「キモノ・トレーダー」として勇名を馳せた上、結局は節税のし過ぎで税務当局に取り締まりを受けた猛者《もさ》も出現したりしました。

当時の日本は金融政策がゼロ金利化に向かう最中で、世の「ミセス・ワタナベ」たちにとっては、預貯金金利がどんどん細っていくのを目の当たりにさせられる時期でした。このままでは、生活が危うい。この危機意識が深まる中、ワンクリックで何の苦もなく利ザヤを稼げるデイトレードは、日本の庶民にとってさぞや地獄に仏の救い主に見えたことでしょう。

かくして、第三次グローバル化の申し子であるITが日本に「お茶の間トレーダー」の誕生をもたらしたのでした。グローバル化とIT化なかりせば、およそ、高速投資や投機的取引きとは無縁だったはずの人びとが、そうしたリスク性の高い世界に引き込まれていく。そのおかげで、パソコンやスマートフォンの画面から目が離せない。夜もおちおち眠れない。休み時間も休めない。こんな具合にゆとりを失い、落ち着きを奪われた人びと、儲けたがりながらも損失を恐れて常に不安心理を抱えている人びと。そのような人びととの間には、共に生きる関係はとても形成されにくい。

カネのグローバル化が、ヒトからグローバルな共生き（ともいき）に思いを馳せるゆとりを奪う。第三次グローバル化時代が年月を重ねる中で、そんな雰囲気が漂い始めたのでした。

カネはヒト化しヒトはモノ化する

ＩＴ空間を介して地球狭しと飛び交うカネは、ヒトによる企業経営に対してもひときわ大きな重圧をもたらすようになってきたといえるでしょう。

日本企業が、チームアホノミクスが振りかざす「攻めのガバナンス」に追い詰められてきたことは、第１章でみた通りです。それに加えて、第三次グローバル化の下では、カネがもたらす圧力も日本の経営者たちにかつてなく重苦しいものになったと考えられます。

そのことが生々しく滲み出たのが、２０１５年に東芝の不正会計問題が発覚した折です。粉飾決算を命じた経営幹部が「黒字を出すことを市場に約束した」と発言したという報道がありました。これは何とも奇異な発言です。「市場に約束した」

とはどういうことか。「市場さん」とは誰なのか。どこにいるのか。市場というカネのやり取りの場に人格を与えてものを言うとは何たる発想か。

この報道を目にした時、筆者の頭の中はこれらの疑問と抵抗感で満杯になったものです。カネのヒト化が進行している。そう感じた場面でした。このようなことになるのも、第三次グローバル化の下でカネの存在感があまりにも大きくなってきたからでしょう。市場さんにばかり気を配り、そのご機嫌を取る。市場さんとのお約束を守るためなら、どんなズルをしてもかまわない。そんな風に思い込んでしまった経営者たちは、人間を幸せにできる経済三角形のヒト・ベクトルとして有効に機能できない。共生社会の構成員となることなど、とうてい無理でしょう。

さらにいえば、カネがヒト化すると、ヒトはモノ化するという面があります。カネの言いなりになって収益確保とコスト削減に汲々とする経営者たちは、人件費の徹底的な抑え込みを図ります。人件費は直接経費。給料は材料費。このような感覚で従業員を取り扱う。ギグワーカーたちをこき使う。労働者をモノ扱いする。カネをヒトに見立て始めた経営者にとって、ヒトのモノ化は次第に当たり前になる。このような連鎖が働いて今日に至っているのだと思うところです。ヒトがヒトをヒト扱いしないところに、ヒトとヒトが共に生きる余地はありません。

金融と信用の決別を招いたグローバル・マネー

第三次グローバル化が進行する中で、カネはヒトのお茶の間に飛び込んだ。カネはヒト化し、ヒトはモノ化した。

これらが、ここまでの発見です。発見はまだあります。第三次グローバル化がカネとヒトとの関係にもたらした変化が、さらにもう二つある。筆者はそのことを発見したと考えています。その一が、「金融と信用の決別」です。カネを融通し合う金融取引きの中から、ヒトとヒトとの信頼関係が消えました。その二が、「通貨の見えない化」です。カネの姿がヒトから見えなくなりつつあります。順次、考え進んでいきます。

その一の金融と信用の決別問題を考えるためには、まず、そもそも金融と信用の間に本来どのような関係があるのか、あるべきなのかという点を押さえておかなければなりません。この点に関する答えはとてもシンプルです。金融は信用そのものです。信用なきところに金融はありません。少し語源探究に踏み込んでみると、このことがすぐに判明します。カネを融通することを、英語で give credit と言います。credit はクレジットカードのクレジットです。このクレジットという英単語のラテン語の語源が「クレーデレ（credere）」です。クレーデレは、つまり「信じる」を意味する言葉です。活用形で「クレド」といえば、「私は信じる」の意です。

これで、もうおわかりの通りです。つまり、ヒトがヒトにカネを融通するという行為は、ヒトがヒトを信じるからこそ成り立つ。ヒトは信用している相手にしかカネを貸さない。信用している相手からしかカネを借りない。この認識が、クレジットという言葉を使うことの中に込められているのです。

日本語にも、この語感の系譜は引き継がれています。カネを融通することを「信用供与」といいます。これは give credit をそのまま日本語化しているわけです。カネがヒトからヒトへと融通されていく中で、カネが天下を回っていくプロセスを「信用創造」といいます。信用の連鎖が広がっていく。カネのやり取りを介してヒトとヒトとの信頼関係の輪が広がっていく。金融の世界は、本来このような姿を呈していなければいけません。

金融がこのような形で信用と密着関係を保つためには、一つとても重要な条件があります。それが相対性《あいたいせい》です。貸し手と借り手が相対で向き合う。これがなければ、信用は生まれません。お互いに相手が見えていなければ、その相手を信用していいか、相手が信頼に足る人物なのかを見定めようがありません。貸し手と借り手が1対1で出会う。そうでなければ信用供与は行われない。信用創造は始まらない。金融は成り立たない。これが基本です。

さて、ここまで押さえた上で、第三次グローバル化の下で何が起こったかをみていきましょう。第三次グローバル化の下で金融と信用の決別が始まったのは、リーマン・ショックに至るプロセスにおいてのことです。このプロセスの中で主役を演じたのが、「金融証券化商品」というものです。より具体的にいえば「サブプライムローン証券化商品」です。この新手の金融商品が世の中に幅広く出回る中で、金融から信用がどんどんはぎ取られていくことになったのです。そのカラクリをご理解いただくためには、まずはこのサブプライムローン証券化商品というものが何ものであるかをご説明しておかなければなりません。ここからしばらく、この話に紙幅を使わせていただきます。

金融証券化商品は、いわゆる金融工学の分野が生み出した「金融派生商品」の一つです。金融工学は、金融の世界に数理分析や確率論を取り込みました。そのことで、金融ビジネスのリスク回避力と収益力を高める。このような考え方に基づいて発展したのが金融工学です。この分野の発展にも、IT化の進展が大きく貢献したことは間違いありません。膨大なデータを瞬時にして入手し、整理加工して利用できる状況となったことで、「金融エンジニア」たちの新たな金融商品に対する開発力は飛躍的に高まることになったのです。

こうしてIT化を基盤とする新たな金融商品の開発力が高まってくる中で、時あたかも、グローバル金融の世界は大サバイバル争いの時期にさしかかっていました。まず、1980年代を通じて世界的な金融自由化が進み、異業種からの参入も含めて金融市場を巡る分捕り合戦が激化しました。1990年代に入ると、金融のグローバル化が進んで国境を越えた市場争奪が苛烈化する。

そうした中で、世界最大の債権大国である日本がデフレ脱却を目指して金融大緩和モードに入り、世界的な超カネ余り化に向けての種をまき散らし始めたのです。この種まきがもたらした低金利環境が、ミセス・ワタナベ現象を生み出した。この点について、前項でみてきました。

かくして、競争激化の要因はてんこ盛りになるわ、超カネ余りで当たり前の投資からは収益が得られないわという状況になったところに、新種の金融商品を市場に送り出す技術基盤が整うという要因が加わる展開になったのです。金融機関は、厳しい競争環境の中で何とか生きながらえたい。投資家たちは、超低金利環境の中で何とか高収益を上げたい。この両者の切実なニーズの出会いが、「サブプライムローン証券化商品」を産み落とした。そのように整理することができるでしょう。

福袋化された金融

サブプライムローンは、信用力の低い個人を対象にアメリカの金融機関が取り扱う高金利住宅ローンのことです。このサブプライムローンという名の債権を証券に変換する。これが、サブプライムローンの証券化という手法です。この手法によってでき上がるのが、サブプライムローン証券化商品です。このサブプライムローン証券化商品が、サブプライムローンの一次債権者である金融機関から第三者に転売されれば、このローンの借り手に対する債務返済請求権は、一次債権者から証券化商品を購入した第三者に移り、一次債権者の手元には、その転売代金としての現金収入が入ります。

この現金を元手に、この金融機関はまた新たなローン・ビジネスに乗り出すことができるようになるわけです。この一次債権者が多くのサブプライムローン債権を保有している場合、彼はそれらを金額規模やリスクの度合いなどを勘案して適宜グループ分けし、グループごとに証券化商品をつくればいい。こうしてでき上がった証券化商品群の完売に成功すれば、彼は自分の帳簿上にあったサブプライムローン債権をきれいさっぱり消し飛ばしてしまうことができる。そして、その販売代金に見合う規模で、再び運用可能な資金を手に入れることができるわけです。

実際にサブプライムローン証券化商品を組み上げるのは、一次債権者から依頼を受けた証券会社や投資銀行です。より正確にいえば、それらの証券会社や投資銀行からの要請に応じて、商品開発に携わる金融工学エンジニアたちです。こうしてでき上がったサブプライムローン証券化商品が首尾よく売れれば、一次債権者は現金収入を手に入れることができる。そして、この商品の開発と売買に当たった仲介者チームはがっちり手数料を確保する。

ざっくり言えば、これがサブプライムローン証券化取引きのカラクリです。どうも腑に落ちない。狐につままれたような気がする。そう感じられる皆さんのために、筆者がこの仕組みについて描いたイメージをご紹介しておきます。かえって、ますますややこしくなってしまったら、ごめんなさい！

ここに、一軒の呑み屋さんがあると想定して下さい。基本的にツケでお酒を呑ませるビジネスモデルになっています。おかげでお得意さんをかなり確保できていますす。しかしながら、現金収入はあまり効率的に入ってきません。

たくさんのお客さんに対する請求書が手元にあることは、心強いことではありません。ですが、その請求書の束でお酒の仕入れ代金を払えるわけではありませんし、席数を増やすための投資ができるわけでもありません。しかも、長らく清算が滞っている請求書には、貸し倒れのリスクが伴います。どうも、これはまずい。だが、常連客が確保できるビジネスモデルは崩したくない。

ジレンマに陥った呑み屋の大将は、一計を案じます。手元に溜まった請求書の山を金額や支払い期限などで仕分けし、適当に束ねて袋詰めします。こうしてでき上がった袋の数々に、呑み屋の大将は「金融福袋」と表書きします。そして、お店の前に並べます。「よってらっしゃい、みてらっしゃい。金融福袋の大売り出しでござんす。一攫《いっかく》千金、運だめしはいかがかな？」というわけです。

この大売り出しが奏功すれば、呑み屋の大将はあっという間に福袋代という形で現金収入を手に入れることができます。しかも、請求書の山の中に潜んでいたかもしれない貸し倒れリスクも、福袋を買ってくれた人に押しつけることができてしまうのです。こんなに素晴らしい金融錬金術はありません。そして、呑み屋の大将がこの金融錬金術を演じるに当たって、請求書の仕分けや束ね作業に一役買うのが、金融工学エンジニアたちとその雇い主です。首尾よく金融福袋が完売に至れば、彼らもたんまり手数料を手に入れることができるわけです。

貸借から相対性《あいたいせい》が消えて金融パンデミックが起こった

さて、金融証券化話がすっかり長広舌になってしまいましたが、実はここからが本題です。このやり方が、なぜ、金融と信用を決別させるのか。それをしっかり明らかにしておかなければなりません。もっとも、ここまでくれば、賢明なる皆さんには既にご理解いただいているかと推察しますが、やはり、ひとまず整理しておきたいと思います。

繰り返し申し上げている通り、ここで焦点を当てたサブプライムローンは金融資産の種類としては債権です。カネの借り手に対するカネの貸し手の債務返済請求権です。これを証券という別の形態の金融資産に変換するのが、証券化という手法です。債権と証券の違いはどこにあるのか。それが、ズバリ、相対性《あいたいせい》のあるなしです。

カネの貸し借りは1対1の関係の中で行われます。相手が銀行であろうと知人であろうと高利貸しであろうと、借り手は誰からカネを借りるのかを自覚しているし、貸す方も自分がカネを貸す相手が誰であるかを認識しています。もちろん、物理的に常に1対1だとは限りません。複数の銀行が融資団を組んで一人の借り手に資金提供することもあるでしょう。もとより、金融機関は同時に多数の借り手に資金を融通しています。ですが、いずれの場合にも、貸し手は借り手が誰であるかを知っていて、借り手は誰が貸し手であるかを知っている。こうして、債権者と債務者の間には、常に相対関係が成立します。

証券については、そうではありません。企業の株式や事業債は、「公募」が基本です。「私募」という特殊な形を取る場合を除けば、相手を特定して発行されるわけではありません。つまり、証券を使ってカネを借りる側には、カネを貸してくれる側の顔が見えない。それでも、貸す側は多少なりとも貸す対象のことを研究するでしょうが、そこに相対関係が形成されることはありません。

いわんや、先の呑み屋の大将が売り出したような金融福袋になってしまえば、相対性は完全に消え失せます。そもそも、福袋は中身が見えないところがミソなわけですから（近頃は「見える化」されているものもあるようですが）、そこに相対性《あいたいせい》が生じるわけがありません。袋の中から掘り出し物が出てくればラッキー。ろくでもないものが出てきてしまっても恨みっこなし。それが福袋の原理です。文句は言えません。金融福袋の場合、状況いかんでは、中身のすべてが不良資産だったということもあり得ます。福袋転じて禍《わざわい》袋です。

リーマン・ショック時に起こったことがまさにこれでした。大量に世の中にばらまかれた金融福袋が一斉に禍袋化し、投資家たちを窮地に追い込んだのです。その中でも、被害の矢面に立たされたのがニューヨークに本社を構えていた大手投資銀行のリーマン・ブラザーズだったわけです。

ですが、その後まもなく、世界最大の保険会社であるＡＩＧも実は災禍に巻き込まれていたことが判明し、衝撃がどんどん広がっていくことになりました。相対性《あいたいせい》が消滅した取引きが巨大なクモの巣のように広がってしまい、何が何だかわからない状況になってしまっていました。誰がどこでどんな悪質福袋をつかませられているかわからない。その不幸な投資家に誰かがカネを貸しているかもしれない。だとすれば、そこから連鎖倒産の波紋が広がるかもしれない。金融商品に関するデフォルト（債務不履行）に備える保険ビジネスを展開していたＡＩＧは、突如として広がりの見えない破綻の連鎖の最中に身を置いていることを実感させられたのです。

こうして、改めて当時のありさまを振り返ってみると、あの時の状況と現在の新型コロナウイルスによるショックとの衝撃的な類似性には息を呑むものがあります。

（※ 注：上記の「コロナ・ショックも、相対性《あいたいせい》を失えば失うほど制御不能さが強まってきました。リーマン・ショックも、金融福袋が誰から誰の手に渡り、どんな経路で世の中に出回っていったかを追跡できているうちはまだよかった。だが、転売が転売につながり、投資が投資を呼ぶ中で、リスクのウイルスがどんどん拡散し、自分は金融福袋などというものに近づいたこともないのに、知らないうちに破綻の病に感染していたという人びとが続出するようになりました。

かくして、金融恐慌のパンデミックが世界を覆うことになったのです。サブプラ

リ」は本来この位置に入ります）

イムローンが証券化されず、債権として金融機関の手元にとどまっていたなら、パンデミックが起きることはなかったでしょう。人が人と向き合う相対関係の枠の中、そこに信頼関係があるかないかが問われる世界から金融を解き放ってしまうと、こういうことになる。金融を信用と決別させることは危険だ。我々は、リーマン・ショックが残していったこの教訓を決して忘れてはいけません。貸し手と借り手が共に生きている。この関係を崩してしまった時、何が起きるか。実に高い代償を払って、我々はこのことをリーマン・ショックから学んだ。そう肝に銘じておくべきでしょう。

見えない化する通貨

通貨の見えない化問題に進みましょう。これが、第三次グローバル化によるカネとヒトとの関係変化について、筆者が新たに発見した二つ目のポイントでした。一つ目のポイントだった金融と信用の決別に関しては、「債権の証券化」がキーワードでした。これに対して、通貨の見えない化は、言い換えれば「現金の電子化」です。紙幣・硬貨という「見える現金」がデジタル化されて「見えない現金」に切り替わっていく。いま、これがそれこそグローバルなスケールで急進展しています。この流れは、我々が目指すべき共生社会との関係でどのような意味を持っているのか。どのように理解すべき展開なのか。これらのことを追究してみたいと思います。

この話を進めるに当たって、まずは確認しておくべきことがあります。それは、通貨の見えない化という現象の厳密な解釈です。日本では、これをもっぱら「キャッシュレス化」と言ってしまっていますが、これは言葉の誤用です。この誤用表現から我々の認識を解放したいがために、筆者はここで敢えて「現金の電子化」という言い方を持ち出しているのです。

「キャッシュレス化」は、キャッシュすなわち現金がなくなることを指します。新聞・雑誌などでは、「現金が消える日」などというフレーズを「キャッシュレス化の進展」というタイトルに絡ませて使っています。これは誤りではありません。確かに、キャッシュレス化がどんどん進めばキャッシュがなくなっていくわけですから、やがて現金が完全消滅する日がくるでしょう。ですが、いま、起こっていることはそれではないのです。現金が消えるのではなくて、現金の形態が変化しているのです。紙幣・硬貨という物理的な姿かたちを持つ現金から、デジタル化されて姿かたちが見えなくなった現金への切り替えが進行しているということです。現金のやり取りという決済の仕方が消えてなくなるわけではありません。

ですから、日本で「キャッシュレス化」と表現しているこの展開を、英語では「フィジカル（physical：物理的）・キャッシュ」から「デジタル・キャッシュ」への切り替え」と言っています。cashless という言い方はあまり使いません。日本語的には「キャッシュレス化」が実にわかりやすく覚えやすく語呂もいいので、この言い方が定着してしまっていますが、そのおかげで、いま、起こっていることへの理解が歪んでしまいました。さらに穿《うが》って考えれば、ひょっとすると、この理解の歪みを狙う政策的意図が働いて、「キャッシュレス化」という言葉の世の中への刷り込みが行われてきたのではないか。筆者は少しそのように勘繰っています。この点については後述します。

いずれにせよ、皆さんにおかれては、日本で「キャッシュレス化」と表現されている展開が、現金決済の消滅をもたらしているわけでは決してないということをしっかり記憶にとどめておいていただきたいと思います。進行しているのは、現金の消滅ではなくて、あくまでも現金の形態変化です。

以上を踏まえた上で、電子化された現金にどのようなものがあるのかを整理しておきましょう。

ざっと仕分けすれば、クレジットカードやデビットカード、プリペイドカード、そして暗号通貨です。暗号通貨については「仮想通貨」という言い方が広がりましたが、これまた誤用です。それについては、すぐ後述します。それはそれとして、すぐおわかりいただける通り、これらの決済手段を使って我々が行うのは、あくまでも現金決済です。我々が交通系ＩＣカードを使う時、我々はツケでバスや電車に乗せてもらっているわけではありません。スマホに読み込んだＱＲコードを使って暗号通貨でお買い物をする時も、我々はツケでショッピングしているわけではありません。行っているのは、あくまでも現金決済です。この現金決済を紙幣や硬貨を使って行うのではなく、電子化された現金を用いている。これが、キャッシュレス決済と言われている取引きの実態です。

ここで、お約束通り、仮想通貨という言葉の問題性を押さえておきましょう。ご承知の通り、この言葉は、２００９年に登場したビットコインや、２０１９年にフェイスブック社が発行を宣言したリブラをはじめ、この間に雨後の筍のごとく出現してきた電子的決済手段を指しています。

筆者は、これらの決済手段を仮想通貨と呼ぶことは大いに問題だと思います。なぜなら、すべての通貨は仮想通貨だからです。通貨は、人びとがそれを通貨だと認めるから通貨なのです。お札はお札だから通貨なのではありません。金貨も金貨だから通貨なのではありません。いずれも、それが通貨であると人びとが「仮想」するからこそ、通貨性を帯びるのです。かつて、小判は通貨でしたが、いまは骨董品です。

この関係を踏まえて考えれば、ビットコインやリブラなどに限って仮想通貨という言葉を使うことには、明らかに問題があります。これらの電子決済手段について、どうしても「カソウ」という言葉を使いたいなら、「仮想」ではなくて「仮装」を使っていただきたいと思います。「コスプレ通貨」と呼んでいただくのも、悪くないでしょう。

暗号通貨の中で次第に存在感を増してきているのが、暗号法定通貨です。中央銀行暗号通貨（Central Bank Crypto Currency: CBCC）とも言います。国々の中央銀行が、自国通貨の完全電子化を検討しています。中国は既に電子人民元の導入前夜にきていると言っています。スウェーデンも、自国通貨クローナの完全電子化に向けて試行を進めています。日本銀行や欧州中央銀行（ＥＣＢ）を含む六つの中央銀行が国際決済銀行（ＢＩＳ）と共同で法定通貨の電子化に関する研究を始めました。アメリカの連邦準備制度理事会（ＦＲＢ）も研究に着手するようです。

こうした展開になっているのは、ビットコイン等々の「民間暗号通貨」の急増殖に世界の中央銀行たちが警戒感を抱き始めているからです。カネの世界が中央銀行のコントロール下を離れてコスプレ通貨群に乗っ取られてしまっては大変だ。通貨秩序が我らの手中から漏れ出ていくことを防がなければならない。そのような危機意識が彼らを法定通貨の電子化・暗号化へと駆り立てている。そう言えるでしょう。

暗号通貨は諸刃の剣

通貨の見えない化、すなわち現金の電子化に関する進展状況はおよそ以上の通りです。さて、そこで考えなければなりません。電子化された現金は、我々の共生き（ともいき）に役に立つのでしょうか。共生き（ともいき）を邪魔立てするのでしょうか。特にいまどきはやりの暗号通貨についてこの点を考えてみたいと思います。

結論的に言えば、共生社会との関係において暗号通貨は諸刃の剣だと考えられます。まずは諸刃のありがたい方の片刃からいきましょう。暗号通貨のメリットとしてさかんに指摘されるのが、その利便性です。特に強調されるのが、弱者のための利便性アップです。この点との関わりでよく登場するのが、「アンバンクド・ピープル（unbanked people）」という言葉です。アンバンクドとは、「銀行化していない」の意です。銀行化していない人びととは、つまり銀行口座を持てない人びとです。貧し過ぎて銀行口座を開設できない。銀行が相手にしてくれない。そもそも、銀行が存在するような都市部へのアクセスがない。そのような人びとがアンバンクド・ピープルです。

彼らは、我々が本書の冒頭からテーマとしている先進諸国の「豊かさの中の貧困」層であり、発展途上国において「貧困の中の貧困」を必死で生きている人びとです。思えば、今日のアンバンクド・ピープルの中には、リーマン・ショック発生前夜であれば、金融機関のサブプライムローン戦略の餌食になったであろう人びとがいるかもしれません。

こうした金融機関に見向きもされないか、状況によってはその餌食となる人びと。それがアンバンクド・ピープルです。暗号通貨のクリエイターとサポーターたちによれば、暗号通貨はこうしたアンバンクド・ピープルの救世主です。貧困と闘いながら国境を越えた出稼ぎの人びとが家族に収入を送金したい。ところが、これまでは銀行口座がなければ、封筒におカネを詰め込んで送るしか手立てはありませんでした。それは安全性に問題があるし、出稼ぎ先の通貨が送金先でこれは通貨ではないと、それこそ仮想してもらえないような通貨であれば、せっかくの出稼ぎが水泡に帰してしまいます。

そのような状況下にある人びとがスマホを持っていれば、アプリケーション・ソフトウェアをダウンロードすることによって、自分の手持ちの物理的現金を暗号通貨に転換することができます。要はプリペイドカードをチャージするのと同じことです。こうして物理的現金を電子現金に転換すれば、この電子現金を電子的に相手のスマホに送金することができるわけです。スマホがなくても、物理的現金の電子現金化ショップや端末が開設されていれば、それらを利用して送金が可能になります。このような形で、確かに暗号通貨は「豊かさの中の貧困」と「貧困の中の貧困」の中で生きている人びとにとって希望の星となる可能性を秘めているといえるでしょう。この点は、それなりに素直に受け止めておく必要があると思います。

その上で、今度は諸刃の剣の怖い方の片刃に目を転じたいと思います。暗号通貨の大きな問題点は、その追跡可能性が１００パーセントだということです。裏を返せば、匿名性が０パーセントだということです。電子化された現金は、物理的には人びとの目の前から姿を消します。ところが、そうなるということは、とりもなおさず、その電子的な取引きの軌跡が、それを管理している人びとに丸見えになることを意味しています。「見えない化」が「見える化」をもたらすという力学が働くということです。

物理的な現金について、我々はプライバシーを保つことができます。我々が手持ちの紙幣や硬貨をどう使い、誰に対するどんな支払いに使っているかということを完璧に追跡することは、なかなか難しいことです。ところが、電子化された現金となると、その動きは電子的取引きの仕組みを管理している人びとに一目瞭然です。さらには、我々の預貯金も、完璧に電子化されてしまえば、二度と再び、我々の手元に物理的に回収することができなくなります。自分のものであるはずだが、本当に自分のものかどうかわからない。いざという時に、自分のものなのに本当に自分のものとして手元に回収できるかどうかわからない。それが電子化された現金の怖さです。

このような特性を持つ電子現金が、怖い人びとの管理下に置かれたらどうなるか。それを考えれば身の毛がよだちます。誰が誰と何の目的で「見えない化」された現金で取引きしているか。決済しているか。それがシステム管理者たちにとって完璧に「見える化」されてしまうのです。

その時、そのシステム管理者たちが我々のために善良なる精神をもって管理義務を遂行する人びとであれば、問題はありません。しかしながら、その管理義務者たちが権力の回し者であれば、暗号通貨は経済ファシズムの手立てと化してしまいます。

諸刃の剣はやっぱり怖い

国境を越え、貧困の壁を越えて弱者のための決済手段となるのか。人びとのカネのやり取りを監視し、管理し、統制するための手段となるのか。前者の方向に向かうのであれば、暗号通貨は共生社会の頼り甲斐ある通貨金融インフラとして機能することになります。後者であれば、権力による共生社会の破壊ツールとして威力を発揮することになってしまいます。

さて、この点との関わりで気になるのが、前述した日本におけるキャッシュレス化という言葉の扱われ方問題です。キャッシュレス化は待ったなしだ。いまどき、キャッシュレス化の是非などを論じている場合ではない。日本のキャッシュレス化は他の国々に大幅に後れを取っている。一刻も早くキャッチアップしなければならない。キャッシュレス、キャッシュレス、キャッシュレス。こんな調子です。

実際に推進しようとしているのは、現金取引きの電子化なのに、キャッシュレスという言葉を前面に出すことで、そのことから我々の目をそらせようとしているのではないか。どうもそのように思えてしまいます。現金取引きが電子化されることは、下手をすればそれだけ監視社会化が進むことになる。管理社会化が強化されることになりかねない。その側面に我々の意識が向かないように、キャッシュレス化というわかったようで実はよくわからない言葉をもって我々の目をくらまそうとしているのではないか。そのように思えてしまうのです。

こうしてみれば、暗号通貨は諸刃の剣ではありますが、どうも、やはり怖い刃の方をより強く意識し、重々、警戒しておく必要があると思われます。特にいまの日本のように下心政治が経済を振り回す関係になってしまっている場合には、然《しか》りです。ちなみに、前出の中央銀行通貨の完全電子化について、いま、最も熱心なのが中国です。下心政治の日本が「キャッシュレス化」にご執心で、監視社会の中国が中央銀行通貨のデジタル化を急いでいる。この構図が不気味です。

関連で、筆者には現金の電子化についてもう一つ気掛かりな点があります。それは、現金が電子化されればされるほど、我々はバカになっていく恐れが大きいということです。

電子決済は頭を使わない決済です。物理的な現金でお買い物をする時、我々は紙幣と硬貨のどんな構成で支払いを行うか、アレコレ考えますよね。なるべくじゃらじゃらお釣りがこないように。1円玉が溜まってしまわないように。お財布が膨れて型崩れして重たくならないように。一生懸命、知恵を巡らします。ところが、電子決済なら、暗号読み取り機にスマホやプリペイドカードをかざすだけ。頭はまったくお休み状態です。割り勘で会食する場合にも、例えば「割り勘アプリ」などというものを使って電子決済してしまえば、誰もまったく頭を使わずにすんでしまいます。さらには、素敵なお財布をデザインしてくれるクリエイターたちもいなくなってしまいます。芸術文化のレベルも低下するわけです。

こうして、我々を次第に考えない人びとに仕立て上げていく。ひょっとすると、チームアホノミクスによる「キャッシュレス化」大キャンペーンは、これが最大の狙いなのではないか。そんな風にさえ思えてきます。

ファシズム国家は、必ず、国民がバカになることを目論みます。あまり何も考えない。緻密な理屈は苦手。難しい本なんか読みたくない。人びとをこうした鈍感と放心の囲いの中に追い込んでいく。人びとから反逆に出る知的エネルギーを奪っていく。ファシズム国家はそれを目指します。これを思えば、暗号通貨の闇の片刃には常に最大の警戒心を持っておく必要があると考えるところです。

第4章　つながり過ぎていて共生できない

前章では、第三次グローバル化時代を通じてカネとヒトの間に出現してきた関係についてみてきました。本章では、第三次グローバル化時代におけるITとヒトとの関わりについて考えてみたいと思います。

ITは、カネとヒトとの今日的な関わり方の中でも、実に大きな存在感を持っています。そのことが、前章の随所に滲み出ていましたね。その意味で、我々は既にいまの時代におけるITとヒトの関係について考えてきたわけですが、本章では、より直接的な形で第三次グローバル化の下におけるITとヒトとの向き合い方を考察していきたいと思うのです。

IT化の進展は、ヒトがヒトと共に生きることに貢献しているのか。はたまた、共生を難しくしているのでしょうか。もし難しくしているのだとすれば、どこをどうして、何にどう気をつけていけばいいのか。第三次グローバル化時代の技術基盤であるITを、ヒトとヒトとの共生基盤として生かすには、どこが勘所なのでしょうか。これらのことについて、ご一緒に考え進んでいきたいと思います。

ＩＴもまた諸刃の剣

インターネットを介して、我々は未だかつてなくつながっています。メールやＳＮＳが、多くの人びとを多くの人びとと結びつけています。ＩＴ化の進展によって、未だかつてない大いなる情報共有が地球を舞台に行われています。

この状況そのものが、我々の共生力を高めている。そうに決まっているではないか。つながりはすなわち共生だ。こう考えたくなります。ですが、それが真相の全貌でしょうか。つながり過ぎると、共に生きにくくなる。そんな面はないでしょうか。暗号通貨がそうであるように、ＩＴもまた、共生社会との関係においてやはり諸刃の剣だというのが実情ではないでしょうか。ここでは、ひとまず、つながりは共生だと決めつけることなく、ＩＴ化とヒトの共生の関係を考えていきたいと思います。

暗号通貨については、ありがたい方の片刃からみていきました。ＩＴについては、順序を逆にして、まず、怖い方の片刃に着眼してみます。なぜそうするかというと、それは、つながりは共生だという思い込みを我々の脳内から取りあえず除去するためです。瞳の中にＩＴ礼賛の星々が輝いているような状態で本章の旅を始めてしまったのでは、とんでもないところに迷い込んで出てこられなくなってしまうかもしれません。まずは、覚めた目、少々意地の悪い目で第三次グローバル化時代におけるヒトとＩＴとの関係を考察してまいりましょう。

この作業を進めるためには、我々は再び、第1章でみたギグエコノミーの世界に目を向ける必要があります。今日のお座敷芸人たちには、ＩＴは不可欠のツールです。今日の口入屋であるプラットフォーム事業者が提供する屋台は、ネット上の屋台です。今日の口入屋たちはＩＴ巨人です。ＩＴ巨人のネット屋台上に自分の技能を陳列する。そのことを通じて、第三次グローバル化時代のギグワーカーたちはまさにグローバルワイドなスケールで自分の能力を世間に知らしめることができる。地球的な広がりの中で新たな雇用機会と出会うことが可能になるわけです。

これは素晴らしいことです。ですが、裏を返せば世界中が競争相手になることを意味します。地球上のすべての同業者と競い合わなければならない。今日的な口入屋の屋台上で、地球の津々浦々の今日的お座敷芸人たちとお座敷を奪い合わなければならないのです。価格競争は熾烈を極め、質的競争も苛烈化します。自分にどんなにハイグレードなサービス提供力があっても、どんなにスピードが速くても、どんなにお買い得な値段設定をしていても、自分よりもっと高品位でもっと速くてもっと格安な競争相手が出現すれば、それに対抗してさらに気張らなければならなくなります。

プラットフォーマーたちのネット屋台の上では、品質と速度に関する最上位争いと価格に関する最下位争いが果てしなく広がる。しかも第1章でみた通り、21世紀の口入屋たちは、ギグワーカーたちのそうした死に物狂いのつぶし合いを徹底的に放置する。江戸の桂庵が斡旋を求めてやってくる人びとのために給金交渉をしてくれたり、斡旋先を吟味してくれたのとは大違い。どんなこき使われ方が待ち受けているかわからない仕事場へと、おかまいなしにギグワーカーたちを送り込んでいくのです。社会的責任に関する意識において、江戸の桂庵とあまりにも違い過ぎます。

かくして、ネット屋台があるばかりに、ＩＴ巨人たちの陳列棚につながっているばかりに、ギグワーカーたちは、下手をすれば限りなく無給働きに近くて、限りなく無休働きに近い労働を強いられることになりかねません。そして、そうなればなるほど、一件でも多く仕事を受注しないと生きていけないようになる。

こんな具合にボロボロになりながら仕事を奪い合うようになっては、共生き（ともいき）どころではありません。完全に共食いです。みんなが同じITプラットフォームにつながっているばかりに、まったく共に生きられなくなってしまう。IT化でどんどんつながり、どんどん狭くなる第三次グローバル化時代の地球上で、ギグワーカーたちがひしめき合い、押しのけ合う。こうした構図が現実となっていることは、間違いありません。

オンデマンド化がもたらす孤立

ギグエコノミーの隣接領域あるいは重複領域に、あと二つの「○○エコノミー」があります。それらが「オンデマンドエコノミー」と「シェアリングエコノミー」です。これらもまた、ギグエコノミー同様、ITによってつながることなしには成り立ちません。ギグエコノミーをお座敷芸人経済、プラットフォームエコノミーを屋台経済と日本語化しましたから、これらについても、日本語の名前をつけなければなりません。そこで、前者を「出前経済」、後者を「貸し借り経済」と名づけたいと思います。

いまの世の中、多くのモノやサービスがオンデマンド化しています。必要なモノやサービスは、必要になった時に出前方式で利用する。手元に常備しておくことは止めにする。このやり方が広まっています。ギグエコノミーはヒトに関する出前経済だといえます。様々な芸を持つお座敷芸人さんたちを、必要になった時だけ呼び寄せる。道具や機器や衣服などもオンデマンドで取り寄せる。プログラムも本も映画もテレビ番組も、オンデマンドでダウンロードすればいい。自分の手元に物理的に保持しておくことはない。こうして、幅広い領域にわたって出前経済化が進んでいます。

企業も家計も、ネットを通じて多種多様な出前ビジネスとつながることで、効率的で便利で安上がりな活動スタイルを手に入れることができました。それはそれで結構なことです。ただ、すべてが出前化していくと、人びとの間の距離は広がる。そういう面がないでしょうか。オンデマンドで、使う時だけ手元に引き寄せるモノに対しては、あまり愛着は湧きません。必要な時だけ呼び寄せる相手との間には、親しい関係は生まれにくいでしょう。そもそも、オンデマンド化が進めば進むほど、人びとが出会う場面は少なくなっていきます。買い物に行かない。外食しない。映画館に行かない。観劇に出向かない。ウィンドウ・ショッピングをしなくなる。ネット上のブラウザーは使っても、実店舗の中をブラウズ、すなわちアレコレ探検するということがなくなる。次第に、他の人びとと同じ空間を共有しているという感覚が希薄化していくことになりそうです。

新型コロナウイルスの感染防止のため、世界では都市丸ごとの「ロックダウン」や人びとの自宅への「巣ごもり」が広がりましたが、出前経済化があまり進むと、人びとが知らず知らずのうちに魂のロックダウンや心の巣ごもり状態に陥っていくことになりかねません。魂のロックダウンと心の巣ごもりは、共に生きる人間社会にとって天敵です。オンデマンド的につながり過ぎると、共に生きにくくなる。人びとはお互いに孤立する。孤独になる。この面を見逃すわけにはいきません。

民泊の中に出会いなし

シェアリングエコノミーについても考えてみましょう。シェアといえば分かち合い。これぞ、まさしく共生社会の経済基盤にほかならない。ネットを介して人びとが分かち合う。この図式には、いくら斜に構えた目でITとヒトの関係を見るといっても、ケチのつけようがないだろう。そもそも、貸し借り経済などというゴツゴツしたネーミングは止めて、素直に「分かち合い経済」と言えばいいじゃないか。このように言われてしまいそうです。

それでも、筆者は、どうしてもシェアリングエコノミーに分かち合い経済という日本語を当てはめる気になれません。ここは、やはり貸し借り経済でいきたいと思います。

シェアリングエコノミーを分かち合い経済と言い換えることができるようになるには、不可欠の要素があります。それはケアです。相手のことをおもんばかる。相手のためを思ってモノやサービスを差し出す。これがケアの精神です。日本語的に使う「ケア」は介護や保育、あるいは医療用語の色彩が強いですが、英語で“I care for you”と言えば、「私はあなたを愛している」の意です。愛を込めて面倒をみてこそ、介護も保育も本当のケアになる。そのように考えるべきでしょう。このようなケアの要素がそこになければ、シェアも本当の分かち合いにはなりません。

貸したいモノやサービスをIT屋台に載せる人びとと、借りたいモノやサービスをIT屋台上で物色する人びとの間にも、ケアが皆無だとはいえないでしょう。世のため人のため、少しでも役に立ちたいと思ってシェアリング・プラットフォームに自分の所有物や自分の技を載せる人はいるでしょう。感謝の思いを抱きつつ、出品者の意図や配慮に思いを馳せつつ、屋台上から何を持っていくかを選択する人もいるでしょう。ですが、それにしても、シェアリング・プラットフォーム上で行われていることは、結局のところ取引きです。自分の手元で遊休化しているものを使ってひと稼ぎしたい。そう考えた人びとが、自分の自動車や衣服やバッグや部屋や時間や技能を屋台に載せる。

それらのものを使いたいが所有はしたくない、あるいはできない人びとが、そこから使いたいものを選んで使用料を払う。この取引きの中におのずとケアの要素が内包されているわけではありません。シェアは必ずケアつきで行われる。そのようにはいえません。

例えば、シェアリングエコノミーの大きな一角を形成している民泊について考えてみましょう。エアビーアンドビーなどの民泊情報サイトに自分の部屋を登録する人は、部屋を貸す相手のことを思ってそうするわけではありません。部屋という空間を使って稼ぎたいから、情報をアップするのです。いまは使っていないデッドスペースを、他人に貸すことで有料スペース化する。実は使っていても、有料スペース化するために無理矢理空き部屋にする。そんな目論見で提供されるシェアリング行為には、部屋を貸す相手へのケアはついてきません。

現に、民泊ビジネスを巡っては、様々な問題が発生しています。部屋が不潔だ。設備が整っていない。看板に偽りありだ。……等々、クレームが尽きない世界です。殺人事件も起きています。

そもそも、民泊の世界には出会いがありません。民泊の部屋に泊まるお客さんたちは、暗号入力などで勝手に入室する。そして勝手に退出していく。場合によっては、支払いも暗号通貨を使ってネット上で済ませるかもしれない。民泊サイトを通じて、実に多くの国々の、実に多くの人びとが国境を越えてつながっています。つながってはいますが、出会ってはいない。出会いがないのに、ケアが生まれるわけはない。彼らは決して共に生きてはいません。

ケアなきシェアは奪い合い

そこにケアがない時、シェアはその意味が分かち合いから奪い合いに変わる。筆者はそう考えています。シェアは確かに分かち合いを意味する言葉ですが、そこから派生して「分け前」という意味もあります。市場シェアといえば、これは市場占有率の意です。分け前や市場占有率は、それを巡って人びとが奪い合いを演じる対象です。かくして、シェアには分かち合いのシェアと奪い合いのシェアがある。そういうことになります。お互いにケアし合う人と人の間に芽生えるのが、分かち合いのシェア。相手へのケアがみじんもない人と人の間に出現するのが、奪い合いのシェアです。

シェアハウスで共同生活を送る人びとのシェアは、どっちのシェアでしょうか。みんなで一緒に暮らしているのだから、分かち合いのシェアの世界に身を置いている。そう決め込んでしまっていいでしょうか。彼らは、シェアハウス内の空間を本当に分かち合っているといえるでしょうか。その空間のどこからどこまでを、自分の分け前にできるか。それを巡って、分捕り合戦をしているという面はないでしょうか。シェアオフィスで仕事をする人びとは、オフィス空間を切り分けて使っています。それぞれの人びとにとって、自分の机とその周囲は自分の占有空間です。この構図にどこまで分かち合いがあるといえるでしょうか。

タクシーに見知らぬ人びとが相乗りしている時、彼らの間にどこまで車内空間の分かち合いがあるでしょうか。誰もが自分の占有空間をつくり出そうとしている。相乗り相手の占有空間を侵害すまいとする気遣いで疲れ果てている。そんな感じではないでしょうか。

こうしてみれば、シェアリングエコノミーには、分かち合い経済どころか実は多分に奪い合い経済としての側面があるわけです。そして、そこにケアがなければ、奪い合い経済としての側面ばかりが前面に出てしまう。そういうことなのだと思います。

シェアハウスの空間内で、自分の分け前を確保しようとしている人びと。彼らも、お互いに声を掛け合い、知り合い、お付き合いが始まれば、そこにケアが生まれる可能性が開けます。シェアオフィスで、自分の仕事空間を囲い込もうとしている人びと。彼らもまた、目が合い、微笑み合い、意見交換などするようになれば、そこにケアの気配が湧き出る。そうなれば、ひょっとすると仕事上のコラボも生まれるかもしれない。そこまでいけば、まさに分かち合いのシェア成立です。

タクシーの相乗り客たちも、挨拶のひと声でも掛け合って世間話でも始めれば、そのことがケアの世界への扉を多少なりとも押し開けてくれるかもしれない。すると、車内空間にも分かち合いの空気が漂い始めるでしょう。

こんな具合に展開していけば、シェアリングエコノミーは人びとが共に生きる社会の経済インフラとして機能することができるようになるでしょう。その方向に向かっていくことに期待をかけたいところです。不可能ではないと思います。人間はそんなに捨てたもんじゃない。奪い合いのシェアの世界を振り捨てて、分かち合いのシェアの世界に向かって飛翔する力を持っている。ＩＴによるつながりを絆に昇華させる能力を備えている。そのはずです。

つながり過ぎがもたらす分断と排除

人間には、つながりを絆に変える力がある。そう決然と言い放ったばかりですが、ここでは、まだ、あまり高揚感に浸るわけにはいきません。現状に目を戻せば、ＩＴを介した人びとのつながりの中には、まだまだ、諸刃の剣の怖い方の片刃に属する怪しげな諸々が蠢《うごめ》いています。

一つの問題が、人びとのネット依存症です。様々なＳＮＳの交信網を通じて、無数の人びとがつながっている。そして、次第につながっていないことが怖くなっていく。交信網から外されることが恐ろしくて、スマホが手放せない。スマホの画面から目が離せない。このような症状を発症する人びとが増えていることは、ご存じの通りです。この病に陥った人びとは、つながっているのに、実は孤独になっていると思います。絶え間なく、つながりを確認していないと安心できない。ほんの少しでも、このつながりから離脱する時には、すぐ戻る旨をつながっているみんなに通知しておかないと心配。そんな心理が働く中で、「フロリダ」というショートメールあるいはLINE用語が生まれました。「お風呂に入るからしばし離脱する」の意です。お風呂から上がったら、フロからリターンしたから、「フロリタ」。この言葉のセンスは決して悪くありませんね。なかなかのものです。それは結構なのですが、それにしても、いちいち、皆さんにお断りしなければお風呂にも入れないというのは、何とも、重苦しいことです。

この心理状態は、どうも、常に孤独と背中合わせで生きている人のもののように思えてなりません。不安でいっぱいの観があります。確固たる絆の中で生きている人なら、どんな時にも、不安でいっぱいにはならないはずです。

ネット依存症には、ほかにも症状があります。ゲームの世界に浸り込んで、出てこられなくなるという問題も深刻です。この状況に陥った人びとは、ひたすらゲームと向き合うばかりで、他の人びとと没交渉になっていく。あるいはゲーム相手としかつながりがなくなっていく。いずれにせよ、孤独化していくわけです。

さらに言えば、ネット上のつながり過ぎが分断をもたらすという問題もありそうです。ここでまた、何を言い出すのかとあきれられてしまいそうです。つながりは連帯にほかならないではないか。分断は連帯と正反対の状態を指す。連帯を意味するつながりがどうして分断をもたらすのか。バカも休み休み言え。このように非難されそうです。

それもごもっともです。ただ、SNSは人びとを容易にグループ化します。気の合う者同士、考え方が同じ者同士がグループ化すると、そのことがグループ間の分断、そして下手をすれば対立につながっていく余地が生じます。ここに、ネット上のつながりの諸刃の剣の怖い片刃の影を感じます。自分たちのグループの存在感を高め、求心力を強めるために、他のグループへの敵愾心《てきがいしん》を煽り、分断の壁を厚くする。このような力学の温床として、ネット上のつながりが機能してしまうことが気掛かりです。

このような力学が働き出すと、そこからは、ヘイトスピーチやフェイクニュースやネット上のいじめや流言飛語《りゅうげんひご》や犯人捜しが、むくむくと頭をもたげてくる恐れがあります。つながっているばかりに、こうした悍《おぞ》ましい事象を生み出す感情が人びとの中に芽生えてしまう。大いに警戒しておくべきことです。

コロナ禍によるパンデミック下のインフォデミック

新型コロナウイルスによる感染症がパンデミック化する中で、ＩＴによるヒトのつながりに潜むもう一つの感染症が湧き起こりました。それが「インフォデミック」です。汚染された情報の爆発的拡散現象です。情報感染といってもいいでしょう。ＷＨＯ（World Health Organization：世界保健機関）が、この言葉を使って新型コロナウイルスに関連したデマやフェイクニュースの拡散に警告を発しました。

「トイレットペーパーは、あらかたが中国からの輸入品だから品薄になる」

ツイッター上で流れたこのデマ情報が、あっという間に日本で、そして世界中でトイレットペーパーの品切れ状態を引き起こしました。このケースでは、当初のデマ情報犯の重罪はもとよりですが、善意の人びとの間で注意喚起的に情報の激流が形成されたことに問題がありました。共に生きようとする人びとがお互いによかれと思って情報を共有する。そのことが、誤報やデマのウイルスを劇的に広めていく。このような事態となったのです。当初のデマを打ち消して、パニックを鎮めようとする投稿さえ、心配増幅要因として作用してしまう状況になりました。インフォデミックが、差別や暴力を誘発する事態も大いに考えられます。

ＩＴでつながっていることには、危機的な状況下にあればあるほど、心強いものがあります。ですが、そのつながりを通じてパニックを増幅し合うことの怖さも、我々は充分に警戒しておかなければいけません。これは、何とも厄介な問題です。共に生きる思いが強い人であればあるほど、こんなに重大なことは早くみんなに知らせなくてはと思う。こんなに貴重な情報は早く広めなければと思う。ところが、その思いが偽情報の爆発的な感染をもたらしてしまうのかもしれないのです。

危険な偽情報の大感染が起きれば、我々は共に生きるどころか、共倒れになります。共食い状態に陥る恐れさえ否定し切れません。トイレットペーパーに関するデマも、それを知人友人に早く知らせなければと思った人びとによる情報拡散が、起こるはずのない品切れと奪い合いを引き起こした面があります。この場合には、充分なケアに満ちた情報の善意シェアリングが、トイレットペーパーに関するシェアの奪い合いをもたらしてしまったわけですから、何とも恐ろしいことです。

こんな状況を再び体験することにはなりませんよう、祈るばかりです。ただ、今回のインフォデミックの炸裂は、つながりもまた、使いようであることを我々に実によく教えてくれました。賢く、思慮深く、知恵を発揮して使えば、ITによるつながりは我々を極上の共生社会に連れていってくれる。しかしながら、愚かしく、思慮浅く、思考停止状態でそれを使えば、我々は何ら悪意なきまま、お互いを共倒れと共食いの世界に引きずり込んでいく。このことを、我々はしっかり脳裏に刻み込み、胸の中に畳み込んでおかなければいけない。強く、そう思います。

水のごとき市民革命の助け手となれるか

さて、さすがにこの辺りで諸刃のITの善き片刃の方にも目を向けていくべきでしょう。ITによるつながりには、確かにヒトの共生を力強く支えてくれる頼もしい側面があります。この力が輝かしく姿を現した場面を、我々はいくつか目の当たりにしてきました。

皆さんは「アラブの春」をご記憶でしょう。2011年から2012年にかけて中東地域を席捲した民主化運動です。2011年1月にチュニジアで始まった「ジャスミン革命」がその発端でした。そして、燎原《りょうげん》の火のごとくアラブ諸国に広がり、独裁政権を倒していきました。その後に大いなる挫折とシリア内戦の勃発に見舞われてしまいましたが、その当初の勢いは世界中の人びとを感動させ勇気づけました。「アラブの春」の主役は市民たちでした。特定の政治集団が主導したわけではない。一人のカリスマ的リーダーがいたわけでもない。それにもかかわらず、心ある市民たちの大いなる連帯が生まれた。そして、この連帯を可能にしたのが、SNSでした。圧政に対して立ち上がった市民たちは、フェイスブックやツイッターを通じて強靭で柔軟な絆を形成していきました。スマホは、彼らの運動の強力なツールであり、強烈なシンボルとなったのです。

日本でも、2015年に同じことが起こりました。安倍政権が安全保障関連法の成立を目指した時のことです。集団的自衛権の行使を可能とし、日本の安全保障の仕組みや自衛隊の活動を大きく変えることを企図した動きでした。それに対して、日本の市民たちが反対の大音声を上げました。ついに、日本に本格的な市民革命がやってきた。それを感じさせる日々でした。その中で、特に若者たちの行動を支えたのが、SNSでした。「フロリダ」のLINEも大活躍しました。やはり、リーダーなく、団結の掛け声もない。しかしながら、そこには連帯があった。その連帯が、国会議事堂周辺を埋め尽くす人の輪をつくり出しました。

2019年には、中国による逃亡犯条例改正案に反対して、香港の市民たちが立ち上がりました。この運動は、その後さらに拡大し、人権と民主主義と自由を確立するための広範な闘争に発展しました。

この闘争の中で、勇気ある香港市民たちは、一つの合言葉を共有してきました。それは「如水《じょすい》」です。水のごとく流れて神出鬼没。露のごとく集まり、霞のように散っていく。大通りをなみなみといっぱいにするかと思えば、細い路地へと流れ込んで姿をくらます。ここぞという対決の場面においては、氷と化して揺るがない。

彼らに如水のインスピレーションを与えたのが、香港生まれのスーパー・スター、かのブルース・リーだといいます。水のごとくあれ。無我の境地で器の形に身を任せるべし。姿かたちなき水は無敵なり。これが、武道家としても世界に名を馳せた香港の英雄の教えでした。如水の教えは、日本人にとっても感性に響くものですね。

香港市民たちに水のごとくあることを可能にしたのも、SNSでした。露のごとく集まるに当たっては、ネットを通じた呼びかけが威力を発揮しました。霞のように散っていくに際しても、ネットを通じたお互いへの警告がとても有効に機能したことでしょう。

このように機能する時、ITとヒトとの関係は実に至高のものとなります。筋の通らないことを許さない。人を不幸にする方向に向かう圧力に屈しない。人権を侵害する政策展開ははねのける。この不屈の抵抗に、ITによるつながりが厚みを与え、広がりを加える。そのようなカラクリが整った時、抵抗は尽きることがないものになる。封じ込めても封じ込めても、湧き出てくる。どこからともなく。四方八方から。如水化した市民運動は、無敵です。そして、ＩＴ化が如水化のための道具立てとなれるなら、その善き片刃は燦然《さんぜん》と光り輝くことになります。諸刃のＩＴの善き片刃をどう磨き上げるか。共に生きる社会を堅固なものにしていくためには、我々はこの問いかけに対してしっかりした回答を用意しなければなりません。

差し伸べ合う手と手を結びつけられるか

ＩＴの善き片刃が共に生きる市民たちのお役に立てるのは、革命的な場面ばかりとは限りません。それ以外にも、一つには災害時があります。

地震発生時に、安否を気遣う者同士をつないでくれる。台風が襲来する中で、浸水や土砂崩れに関する貴重な警告を分かち合うことを可能にしてくれる。人びとがお互いに手を差し伸べようとする時、その手と手をネット上のつながりが結びつけてくれる。このように機能する時、ＩＴの善き片刃は光り輝きます。

様々な天変地異や人災で被災した人びとに、何とか手を差し伸べたい。そのように思う人びとのために、ＩＴプラットフォームが橋渡し役として機能してくれる場合もあります。ボランティアを募りたい側と、ボランティア先を求める人びとがネット上で結びつく。資金援助を求める側と、資金援助をしたい側がネット上で出会う。救ってほしい手と救いたい手が、ＩＴプラットフォーム上で握りしめ合う。こうした展開が実現する時、ＩＴの善き片刃が心強い光を放ちます。

ＩＴの善き片刃が輝くもう一つの場面として、小さき者たちによる小さき者たちからの資金集めの事例が考えられます。皆さんは「クラウドファンディング」という言葉をご存じだと思います。クラウドは crowd すなわち群衆です。自分たちがやりたいことを実現するために、市民たちが市民たちから投資を募る。それを、ＩＴ屋台を利用して行うのがクラウドファンディングです。

小さなベンチャー企業や市民団体や活動家。資金集めに乗り出す顔ぶれは様々です。銀行融資や機関投資家からの資金提供はとうてい期待できない。そうした人びとがクラウドファンディングを利用しています。そのおかげで、さもなくば鳴かず飛ばずに終わったであろう、様々な企画や試みが実現している事例は多々あります。

地域密着型の小さな劇団によるお芝居の公演。大手配給会社などが見向きもしない地味な映画の制作。ホームレス支援活動のための資金集め。アイディアはあるがカネがないイノベーター集団の資金調達。様々なケースが考えられます。こうして不可能が可能になった時、IT屋台は手と手の温かい握手の場となることができます。

警戒すべきは偽りの三段論法

以上、第三次グローバル化時代の技術基盤であるIT的つながりについて、そのヒトとの関係をみてきました。この技術基盤は、我々のための善き共生基盤にもなり得るものでしょうか。ネット上のつながりは、我々をおのずと共に生きる世界に導いてくれるといえるのでしょうか。

明らかに、そうとは限らない。本章でそのことを確認しました。しかしながら、使われ方のよろしきを得れば、このつながりが強くて温かい絆に姿を変えて、我々の共生力を支えてくれることも確認できたと思います。結局のところは、我々の使い方いかん、関わり方いかんです。

つながりを絆に変えられるか否かは、ＩＴとヒトとの関係において、どこまでヒトが主導的であり得るかにかかっているといっていいでしょう。ＩＴ側が主導的になってしまえば、ヒトは振り回されることになる。ＩＴ屋台も、ヒトがそこに何を持ち込むかを自律的・主体的に選択しているのであれば、高品位で世のため人のためになるやり取りの場として機能できます。ヒトの英知がＩＴを生かす。そうであれば、めでたしめでたしです。ＩＴがヒトの英知を殺す関係になることは、絶対に避けなければいけません。

この点との関わりで注意を要するのが、偽りの三段論法です。過ちの三段論法といってもいいでしょう。これは例えば次のような立論の仕方です。

・猫という生き物は四つ足である。
・私の犬は四つ足である。
・だから、私の犬は猫である。

これでは犬がかわいそう過ぎるでしょう。これが落語ネタならなかなか優れモノですが、大真面目にこう考える人が出現したら大ごとです。

猫が四つ足の生き物であることは間違いありません。私の犬が四つ足であることも、間違いありません。ですが、だからといって、私の犬は猫にはなりません。この三段論法は、中抜きになっているところに問題があります。猫のほかにも四つ足の生き物がたくさん存在するという点を考慮に入れていない。だから、私の犬が猫になってしまうのです。

慌て者で目立ちたがり屋の政治家が、よくこの偽りの三段論法に引っかかります。彼らは、行動力があると思われたい。どんどん新機軸を打ち出している感じを出したい。そういう政治家の論理回路は次のように働きます。

- いま、直ちに何かをやらなければならない。
- いま、直ちにやれることがここにある。
- だから、いま、直ちにこれをやらなければならない。

新型コロナウイルス問題への安倍政権の政策対応の中に、まさしく、これが出てきましたね。

・いま、直ちに何かをやらなければならない。
・いま、二枚ずつなら、直ちにマスクを全家庭に配れる。
・だから、いま、直ちに全家庭にマスクを二枚ずつ配らなければならない。

これには、全日本、そして全世界があきれ返りましたね。たちどころに、「これはアベノミクスじゃなくてアベノマスクだね」という言い方が、まさにネットを介して全地球的に拡散しました。筆者にとって安倍政権はチームアホノミクスですから、筆者的にいえば、「アホノミクスじゃなくてアホノマスクだね」ということになりますが、それはさておき、この場合のＩＴ的つながりは、笑いと怒りの市民的絆をグローバルなスケールで大いに強めてくれました。

ヒトがＩＴ的つながりと向き合う時にも、偽りの三段論法に惑わされる恐れがあります。この場合の偽りの三段論法は次のように進行します。

- ここに情報がある。
- 情報は伝えるものだ。
- だから、この情報を伝えなければならない。

我々が無定見・条件反射的にこの論理に従うと、悪気はないのに、デマをどんどん拡散させてしまうことになってしまいます。あのトイレットペーパー・インフォデミックの時にも、まさしくこの力学が作動してしまったといえるでしょう。短絡的な論理の三段跳びに翻弄されないよう、我々は常に知的に目覚めていなければいけません。知性覚醒度を高めておくことこそ、ＩＴ的つながりを我々にとっての共生基盤に仕立て上げるための勘所だと思うところです。

第5章　国境を「超えて」共に生きる

国境は越えられなくても超えられる

本章のタイトルは「国境を『超えて』共に生きる」です。国境を「越える」ではありません。敢えて「超」を使っています。

ヒト・モノ・カネは既に国境を「越えて」動いています。我々が共に生きようとしているこの第三次グローバル化時代ほど、ヒト・モノ・カネが国境を越えている時代はこれまでなかった。これは間違いないことです。ところが、この歴史的大越境時代がいま、破グローバル化の危機にさらされている。この危機を、我々はそれこそ乗り「超え」られるか。「はじめに」で申し上げました通り、この問題意識が本書の旅の出発点でした。

これも「はじめに」で意識共有させていただいたことですが、実は大越境が進めば進むほど、そのことに対する反発が強くなってしまう。いま、我々はこの問題に当面しています。

第三次グローバル化時代の恩恵に浴する者たちは、国境を越えて横並び化する。

そのことが、国境の内側における縦並び化をもたらし、豊かさの中の貧困を生み出す。この状況に国々が上手く対処できない。そのため、自分たちは落ちこぼされたと感じる人びとが増える。

その人びとの憤懣《ふんまん》に国家主義者たちがつけ込んで、排外感情を煽る。ポピュリストという名の偽預言者たちが、国境の向こう側を指さして、「悪いのは奴らだ。移民だ。難民だ。輸出攻勢で国内産業を破壊する外国企業だ」とわめき立てる。彼らのこの咆哮《ほうこう》に煽られて、破グローバルののろしがあちこちで上がり、広がっていく。この状態を放置していれば、人びとは国境を超えるどころか、国境を挟んでにらみ合い、いがみ合う方向にどんどん引きずられていってしまいます。こんなに愚かで危険な展開はありません。このような展開に歯止めをかけることは、人類的使命だと考えるべきです。

いまや、人類は共生き（ともいき）するのでなければ、共倒れするほかはありません。これが今日的現実です。このことを、何よりも明快に我々に示してくれたのが、新型コロナウイルスによるパンデミックです。この状況を対岸の火事視できる国はどこにもありません。と、ここまで書いたところで、少し引っかかることが出てきました。少しではなくて、大いに引っかかるべきことです。それは、共倒れするのが嫌だから共に生きるということでいいのか、という問題です。

新型コロナウイルスによる感染拡大が、仮に特定国あるいは特定地域に完全に限定されたものだったとしても、だからといって、他の国々は我関せずを決め込んでいいものでしょうか。共倒れの危険がなければ、共生き（ともいき）はしない。そんなことが許されるでしょうか。それが本当に共に生きるということなのでしょうか。

これは、明らかに違いますよね。共に生きるということは、他者の命運に関心を持つということです。他者の痛みを我が痛みとして受け止めることです。長屋のお隣さんが薄い壁の向こう側で首を吊ろうとしていたら、止めに飛び込んでいく。隣の夫婦喧嘩には、割って入る。それが共生き（ともいき）です。

アイルランドのリオ・バラッカー首相が、新型コロナウイルスの猛威が次第に明らかになる中の演説で、次のように言いました。「中国、スペイン、そしてイタリアの皆さん。我々はあなた方と共にいます。来るべき試練の影を目の当たりにしている皆さん。我々はあなた方と共にいます」。これぞ、筋金入りの共生き（ともいき）精神だといえるでしょう。

国々は、愚かで危険な破グローバル化を堰き止めなければなりません。この使命に応えなければなりません。そのためには、何をすべきなのでしょうか。それは、国々が国境を超えることです。ヒト・モノ・カネは国境を越える。だが、国は国境を越えられない。そこが厄介だという認識も共有させていただきました。

確かに、国は国境を越えられません。ですが、国境を超えることはできるはずです。国が国境を越えることは物理的に不可能です。しかしながら、国境を超えるのは意識の問題です。決意の問題です。国々がお互いに国境を超えて共に生きようと決断すれば、それは実現します。バラッカー首相の魂は既に国境を超えています。どうすれば、他の国々の首脳たちにも、国境を超えさせることができるでしょうか。何が起これば、国々は国境を超えることを決意するのでしょうか。本章では、このテーマを追求していきたいと思います。

超国境人をプロファイリングすれば

国々が国境を超えられるようになるには、何が必要でしょうか。どのような条件下において、国々は国境を超えられるようになるのでしょうか。

ここで、この「国々」という言い方を「国民国家たち」と言い換えれば、問題を二つの視点から考えることができるようになります。国民の視点と国家の視点です。国民国家とは何か。すべての国々は国民国家なのか。直ちに、このような本質論的な突っ込みを入れたくなる皆さんがいらっしゃるかと推察します。誠にごもっともなご心情です。ただ、国々が国境を超えるという現象を考察するには、どうしても、その構成員である国民に目を向けなければなりません。ですから、国民の視点が必要です。そして、国々が国境を超えられるか否かは、その国民の意識や動きに国家という装置がどう反応するか、どう応えられるかにかかっています。当然のこととして、国家の視点もやはり必要になってきます。というわけで、ここはひとまず国民国家論を回避して先に進ませていただきたく存じます。

そこで、まずは、国民の視点です。国境を超えて共に生きる国民とは、どのような人びとでしょうか。ここでご記憶をたどっていただければ幸いです。本書の第2章で、我々は共生社会が成り立つための四つの条件について考えました。

共に生きていくことができる人びと。その彼らが持ち合わせている四つの特性。そう言い換えてもいいでしょう。それらが、共感性・開放性・包摂性・依存性でした。これらを共生力の構成要素として特定したところで、実は、我々は国境を超えられる国民の特性を既にある程度のところまで見立てていたわけです。そして、共生力の高き人びととして、江戸の長屋の住人たちと魂の騎士ドン・キホーテに思いを馳せました。

ここで、共感性・開放性・包摂性・依存性の四つの基本要因を踏まえつつ、思いを馳せる範囲をさらに広げていけば、超国境的共生力を持つ人びとのイメージをさらに膨らませていくことができそうです。四つの基本要因の延長上には、次のような精神性も、垣間見えてきます。

・対岸の火事を決して無視しない隣人愛。
・横暴な権力には容易に屈しない反骨魂。
・連帯を呼びかけることを躊躇しない仲間意識。
・弱きを助け強きをくじく義賊的気概。

このそれぞれに、どのような人物像が対応するか、順次、考えてみましょう。

善きサマリア人と如水の市民革命家たち

まずは、対岸の火事を決して無視しない隣人愛です。共感性と包摂性を強く併せ持つ人びととは、他人の苦難を決して見過ごしません。自分とは何の関わりもない見ず知らずの人びとであっても、彼らが苦境に陥っていれば救出に乗り出す。このような人びとの精神は開放的です。自分の関心は自分にとって「内側」の人びとにしか向かない。そのような閉鎖性は持ち合わせていません。このような人の人物像として、新約聖書の中に登場する「善きサマリア人」のイメージが浮かんできます

（新共同訳「ルカによる福音書」10章25～37節）。この物語はよくご存じだと思いますが、一応、おさらいしておきましょう。

ある人が旅の途上で追いはぎに襲われ、半死半生状態で倒れています。そこに、まずは司祭が、次にレビ人が通りかかりますが、いずれも知らん顔で道の向こう側に渡って立ち去っていきます。これに対して、次に現場にやってきたサマリア人は、これは大変だというので旅人の傷に応急手当てを施して近くの宿に連れていき、さらに手厚く介抱します。翌日、自分の旅を再開するに当たっては、宿の主にカネを渡して怪我人の世話を託します。しかも、もしこのカネで足りないようなら、帰り道に立ち寄って清算するから、と言います。暗に〝手を抜かないでね〟と念を押したのです。

これだけでも、実に共感性と包摂性に満ちていますが、この善きサマリア人については、もう一つ、是非ともつけ加えておかなければいけない点があります。追いはぎの被害者は、実はユダヤ人でした。そう聖書の中に明記されているわけではありませんが、話の脈絡からいってそれは自明であると考えていいでしょう。

そして、当時のユダヤ人とサマリア人は激しく敵対し合っていました。犬猿の仲だったのです。そのような相手であっても、窮地に陥っていれば救いの手を惜しみなく差し伸べる。この開放性には舌を巻くほかはありません。

超国境的精神性の二つ目は、横暴な権力には容易に屈しない反骨魂の持ち主たちです。共感性に富み、包摂力があり、開放的な視野を持っている人びとには、権力の横暴をしっかり見抜く目が備わっています。よく見抜けていれば、それだけ横暴な権力に対する怒りが高まります。だから、その圧力にも容易に屈することはない。このような人びとの怒りは勇気につながります。

このようなプロフィールにマッチするのは、前章でみた如水の革命的市民たちのイメージです。彼らは、独裁体制を相手どって怯《ひる》まず、如水の粘りをもって圧政に立ち向かってきました。彼らはまた、超国境的精神性の三つ目にあげた「連帯を呼びかけることを躊躇しない仲間意識」にも富んでいるといえます。

つまり、依存することを恐れない。嫌がらない。SNSを通じて、見えない仲間たちと我が思いを共有し、我が願いを託す。誰も一人では生きていけないことをよく承知している。支えてもらえることを確信して、権力に立ち向かっていく。振り向けば、そこに必ず仲間がいてくれて、援護してくれることを信じて疑わずに打って出る。この相互依存性が反骨の魂を強力に支えてくれるのです。

今日的義賊の香り高きオキュパイ運動

超国境的精神性の四つ目、すなわち弱きを助け強きをくじく義賊的気概に満ちた人びとには、飛び切りの共感性と包摂性がみなぎっているといえるでしょう。彼らは、弱き者たちの悩み苦しみに深く共感する。その痛みに涙し、彼らのために義憤を抱く。彼らを苦難から解放しようと決意する。彼らに成り代わって、強き者たちを懲らしめるために立ち上がる。自分たちの包摂力をもって、弱き者たちを主役の座に引き上げたいと考える。彼らにもまた、閉鎖性は皆無です。来る者を拒まず、去る者を追わず。誰も排除することはない。開放性が抜群です。仲間を増やすことに熱心です。つまり、相互依存の輪を広げることを躊躇しない。依存性の強みを知っている。

洋の東西を問わず、義賊は伝説上の人気者です。東に鼠小僧。西にロビンフッド。いずれについても、実在性と義賊性について諸説紛々《ふんぷん》ですが、弱きを助け強きをくじく人物像としてはしっかり確立されたものがあります。第三次グローバル化時代に義賊の香り漂うのが、第1章で言及した「オキュパイ運動」の活動家たちです。彼らを賊扱いするのは失礼ですが、99パーセントの弱き者たちのために立ち上がり、1パーセントの強き者たちを激しく糾弾するという姿勢には、多分に、義賊的なものを感じさせるところがあります。

面白いことに、オキュパイ運動の一部の人びとが「ロビンフッド税」の導入を提唱していたことがあるのです。ロビンフッド税の概念そのものは、オキュパイ運動に固有のものではありません。反貧困系の市民運動の中から、21世紀初頭に出てきたものです。金融取引き税や金融機関あるいはエネルギー産業に対する特別課税など、様々な課税の仕方と対象が提案されて今日に至っています。要は、ぼろ儲けしている産業・企業に重税を課して、その税収を貧困層の救済に当てるという発想です。弱きを助けるために強きから富を召し上げるというわけで、ロビンフッド税は実に言い得て妙なネーミングです。

求められるのは市民たちの脱国民化

以上、超国境力を持つ国民たちのプロフィールについて考えました。それなりにイメージを抽出することができたかと思います。ですが、これだけでは、まだ国境を超えて共に生きる人びとの真の姿を見極めたとはいえません。肝心な点にまだ目を向けていません。

それは、国境を超える国民は、そもそも、国民であってはならないということです。「国の民」という殻の中に封じ込められていたのでは、人びとは国境を超えられません。それどころか、「国の民」は下手をすれば「国家の民」にされてしまうかもしれません。そうなれば、もはや国民でさえなくなってしまう。臣民化してしまう恐れが出てきます。国境を超えて共に生きる人びとは、脱国民化して市民にならなければならない。国境を超えて、市民的連帯の絆を形成できるようでなくてはいけない。そのように思うところです。

「いまはグローバル資本主義の時代だ」という指摘があります。この考え方に対して、筆者は大いに懐疑的です。グローバル資本主義なるものは、成り立ち得ない。そう考えています。ですが、その問題はさておいてこの言葉を借用し、ほんの少し手直しすると、国境を超えて共に生きる人びとの世界を表現することができるようになります。その世界は、「グローバル資本主義」ならぬ「グローバル市民主義」の世界です。資本を市民に置き換える。ひらがなベースでいけば、「ほ」を「み」に入れ替えるだけでいいのです。たったひと文字。首尾よくグローバル市民主義の世界にたどり着くことができれば、我々は破グローバルの魔力の息の根を止めることができるでしょう。

このように思うのですが、ただ、ここで、少々注意を要することがあります。それは、時として、グローバル市民主義者たちの主張が破グローバル主義であるように聞こえてしまうことです。場合によっては、彼ら自身が自分たちは破グローバルを主張しているのだと思い込んでしまっているかもしれません。IMF（国際通貨基金）総会やWTO（World Trade Organization：世界貿易機構）の閣僚会議、あるいはG20など、大型の国際会議が開かれると、そこには、必ず数多くの市民団体やNGOたちが結集し、デモを繰り広げたり、プラカードをさしかざしたりして抗議活動を展開します。その時、彼らは何に抗議していて、彼らのプラカードには何が書かれていて、彼らはデモ中に一斉にどんな声を上げているのか。それが、実は往々にして「アンチ・グローバル」なのです。

彼らは「貧困の中の豊かさ」や「豊かさの中の貧困」と闘っています。格差と貧困の撲滅を叫んでいます。そして、そのためには、グローバル化の流れを堰き止めなければならないというスローガンをしばしば掲げます。オキュパイ運動にも、この傾向が垣間見えることがあります。

注意深く耳を傾ければ、彼らが糾弾しているのは、必ずしもグローバル化という現象そのものではありません。巨大グローバル企業のまさしく国境を「越えた」拠点展開や越境的人材リクルート戦略などによって、人びとの生活が振り回され、脅かされることに抗議しているのです。横並びがもたらす縦並びの中で、弱者たちが底辺へ底辺へと追い落とされていく。この構図に対して怒りの声を上げているのです。彼らが目の敵にしているのは、それこそ「グローバル資本主義」なのであって、経済社会がグローバル化していくことそれ自体を頭から否定しているわけではありません。グローバル化への国々の対応のまずさ。それがもたらす痛みや苦しみに共感し、それらを取り除こうとして、国々の政策対応に注文をつけているのです。

現に、超国境的に動いている活動家たちの中には、自分たちは決して反グローバル主義者ではないと明言している人びとも少なくありません。問題はグローバル展開する企業や資本の行動や倫理感なのであって、自分たちはそれを正そうとしている。そのように言っています。

ところが、これらのことがスローガン化すると「アンチ・グローバル」となってしまう。ここが厄介なところなのです。活動家たちの中には、実際に、自分たちはグローバル化の流れを止めようとしているのだと理解してしまっている人びともいることは間違いありません。こうなると、彼らは破グローバル化の手先になってしまいます。弱者に手を差し伸べているつもりが、国家主義者たちと手を握り合ってしまっている。国粋主義と排外主義の活動家たちと合流することになってしまうのです。

この知的混乱からグローバル市民主義者たちをどう守るか。これはなかなか難しい課題です。さらには、筋金入りの破グローバルの魔物たちが、超国境的に活動する人びとの中に物理的に紛れ込み、攪乱《かくらん》戦術を展開しているケースも考えられます。魔物たちが巧みに偽預言者ぶりを発揮し、脱国民化しているはずのグローバル市民たちを臣民の世界に引きずり込んでいくようなことになっては、大変です。大いに注意が必要です。

以上、国々はどうすれば国境を超えられるかというテーマについて、「国民」の視点から考えました。次は、このテーマに関する第二の視点、すなわち「国家」の視点に移っていきたいと思います。

日本国憲法が示すグローバル共生時代の国家像

国民国家において、国家は国民に奉仕するサービス事業者です。近代民主主義国家であれば、そうでなければなりません。顧客満足度の高いサービス。それを期待して、常にそれが得られることを前提に、我々は納税を通じて国家と政府を養っている。これが国民と国家の間の契約関係だ。そう考えるべきです。この関係を逆転させて国民をして国家に奉仕させようとするのがファシズムです。国家主義です。国粋主義です。破グローバル勢力に身を委ねると、この逆転の世界に引きずり込まれていってしまうのです。まずは、ここをしっかり押さえておくことが重要です。

さて、それでは、国境を超えて脱国民的に共に生きる国民に対して、高いレベルで奉仕できる国家とは、どのような国家でしょうか。脱国民化し、国境を超えて手を差し伸べ合うグローバル市民主義者たち。その彼らについていけて、その彼らに満足度の高いサービスを提供できるのは、どのような国家でしょうか。どのように身を処す国家であれば、グローバル市民主義者たちから高い評価を得られるでしょうか。

難しい問いかけだ。容易には答えが出てこないだろう。そのように思われるでしょうか。確かに難問です。ですが、実は、我々の手元には、この難問を解くための完璧な手引書があるのです。我々日本人の手元に、超国境型国家たるための完全マニュアルが存在するのです。

それが日本国憲法です。特に、その前文です。少し長くなりますが、まずは、ここにその全文を引用しておきます。

日本国民は、正当に選挙された国会における代表者を通じて行動し、われらとわれらの子孫のために、諸国民との協和による成果と、わが国全土にわたつて自由のもたらす恵沢を確保し、政府の行為によつて再び戦争の惨禍が起ることのないようにすることを決意し、ここに主権が国民に存することを宣言し、この憲法を確定する。そもそも国政は、国民の厳粛な信託によるものであつて、その権威は国民に由来し、その権力は国民の代表者がこれを行使し、その福利は国民がこれを享受する。これは人類普遍の原理であり、この憲法は、かかる原理に基くものである。われらは、これに反する一切の憲法、法令及び詔勅を排除する。

日本国民は、恒久の平和を念願し、人間相互の関係を支配する崇高な理念を深く自覚するのであつて、平和を愛する諸国民の公正と信義に信頼して、われらの安全と生存を保持しようと決意した。われらは、平和を維持し、専制と隷従、圧迫と偏狭を地上から永遠に除去しようと努めてゐる国際社会において、名誉ある地位を占めたいと思ふ。われらは、全世界の国民が、ひとしく恐怖と欠乏から免かれ、平和のうちに生存する権利を有することを確認する。

われらは、いづれの国家も、自国のことのみに専念して他国を無視してはならないのであつて、政治道徳の法則は、普遍的なものであり、この法則に従ふことは、自国の主権を維持し、他国と対等関係に立たうとする各国の責務であると信ずる。

日本国民は、国家の名誉にかけ、全力をあげてこの崇高な理想と目的を達成することを誓ふ。


珠玉の言葉の数々が、畳みかけるように我々の魂に迫ってくる。この日本国憲法前文と向き合うたびにそう感じます。涙なくしては読めない文章です。全文を貫く真摯な決意表明には、終戦を迎えた日本人たちの強い思いがみなぎっています。あの時、我々は戦後をどう生きようと決意したか。そのことが、輝かしく表現されています。

この前文には、いまを生きる日本人、そして第三次グローバル化時代を共に生きようとしているすべての人びとへの鮮烈なメッセージが込められていると思います。闇を切り裂く光のごときシャープさを内包したメッセージです。この前文には、あたかも、我々がこの第三次グローバル化時代を迎えて、その生き方に戸惑う場面を待ち受けてくれていたような香りがあります。とりわけ、三つのくだりが超国境型国家のあり方を鋭く描き出してくれています。順次、見ていきましょう。

憲法前文の中にある三筋の光明

まずは、冒頭部分の次の個所です。

「日本国民は、……諸国民との協和による成果と、わが国全土にわたつて自由のもたらす恵沢を確保」する。「諸国民との協和による成果」を確保する。ここが特に注目されます。

まず、「諸国民」がいいですね。決して「諸国家」ではない。主役はあくまでも国民である。このことを明確にしています。そもそも、この前文全体を通じて、主役が日本国民になっていますから、この憲法は、国民国家のあるべき姿をきちんと前面に出しています。そして、主役である諸国民は常に協和する。国境を超えて協力し、協調し、相和《あいわ》する。その成果を大切にし、しっかり確保する。この協和の精神こそ、国境を越えられない国家が、国境を超えるための貴重な勘所です。諸国民による協和の成果を確保するという姿勢こそ、国家が超国境的グローバル市民主義者たちの要請に応えられるようになるために欠かせないものです。

日本国憲法前文の二番目の注目点は、前文の中盤に登場します。次の部分です。

「日本国民は、……平和を愛する諸国民の公正と信義に信頼して、われらの安全と生存を保持しようと決意した」

ここに宣言されている決意は、何とも驚異的なものです。他の諸国民の公正と信義に信頼を置く。その信頼に基づいて、我が身の安全、それどころか生存までをも、相手に委ねてしまうというのです。何たる勇気。何たる良識でしょうか。

自国の安全と生存を保持するためには、軍備を増強しなければならない。しっかり防備を固めなければならない。それが常識だ。そのような考え方を、憲法前文のこのくだりは明確に否定しています。相手が善き人びとであるという全幅の信頼に基づいて生きていく。そのことこそ、安全と生存を保持するための切り札だ。そう宣言しているのです。実に崇高な理念です。このような決意の下に運営される国家は、間違いなく、国境を超えることができます。

ところが、安倍晋三首相は、憲法前文のまさにこのくだりについて、「つまり、自分たちの安全を世界に任せますよと言っている」と指摘し、そのことが「いじましい」、「みっともない」という認識をネット上の動画番組で披露しました。「自分たちの安全を世界に任せます」と言い放てることこそ、真の強さです。この真の強さを軸にしているからこそ、日本国憲法の光は闇を切り裂く。闇の暗さをはねのけることができるのです。

闇将軍は、日本国憲法の光の言葉が怖くて仕方がないのでしょう。だからこそ、その言葉が放つ光を何とかもみ消そうとしているのです。そうは問屋が卸しません。国境を超えて共に生きる我々が、それを許さない。決して許さない。

憲法前文の三番目の注目点は、その最後から二番目の段落の中に出てきます。次の通りです。

「いづれの国家も、自国のことのみに専念して他国を無視してはならない」

これほど、今日的なメッセージはないでしょう。これほど、一国主義を全否定した宣言はありません。これほど、破グローバルを徹底糾弾する言葉はありません。共感的であり、開放的であることを、これほど、強く求めた要請はありません。包摂的であり、相互依存的であることを、これほどよしとする主張はありません。

ご覧の通りです。国境を超えて共に生きることを目指す国々は、日本国憲法に学んでくれさえすれば、大丈夫です。迷うことなく、惑わされることなく、怯みなく、躊躇《ためら》いなく、超国境型国家としてのあり方に到達することができます。

共生から最も遠い国

国境を超える国家のあり方について、日本国憲法の教えを学んだところで、また少し視点を変えてみたいと思います。「英雄、色を好む」という言い方がありますね。なかなか不謹慎な言葉ですが、これをもじると、もっと不謹慎なイメージが湧き出てきます。それが、「ファシスト、大を好む」です。全体主義者たちは、巨大さが大好きです。巨大建造物。巨大モニュメント。巨大イベント。巨大事業。そして、むろん、巨大国家。

皆さんは、かのジョージ・オーウェルのダークな空想小説『１９８４年』をご存じかと思います。あの作品の中で描かれている１９８４年の世界は、三つの巨大全体主義国家によって分割統治されています。この三大国家の間では、戦争が絶えない。そして、三大国家の内側では、人びとが分断され、孤立し、思考停止状態に追い込まれています。

主人公のウィンストン・スミスは、三大国家の一つであるオセアニアの住人です。オセアニア人たちは、難しいことを考えたり読んだり書いたりすることを禁じられています。そんな環境の中で、ある日、ウィンストンは密かに手に入れた禁断のノートに次のように書き込みます。

その時代が未来であるにせよ、過去であるにせよ、考える自由があり、人びとがお互いに違っていて孤立していない時代に向かって。真実というものが存在して、起こったことをなかったことにはできない時代に向かって。画一化と孤独とビッグブラザーと二重思考の時代から、こんにちは！

（翻訳筆者）

ビッグブラザーは、オセアニアの超監視社会において、人びとの一挙手一投足を見張っている「偉大な指導者」です。実在するかもしれないし、実在しないかもしれない。だが、いずれにせよ、全知全能です。二重思考は、まったく相反する考えを同時に持つことを意味します。不都合な真実を都合よく忘れられる。不都合でなくなったら都合よく思い出せる。これが、二重思考に長けた有能なるオセアニア人の特性です。

この身の毛もよだつ状況下に置かれたオセアニア人たちは、閉ざされた巨大国家の中に封じ込められています。数多くの人びとが、統一ルールに従って画一的に生きています。しかしながら、みんな、バラバラです。そこに連帯はありません。絆はありません。人びとが共に生きる世界とは最も遠いのがオセアニアです。

思えば、実はこのことが、超国境型共生国家のあり方について、我々になかなか重要な示唆を与えてくれています。オセアニアが国境を超えて共に生きる世界から最も遠いなら、国々はオセアニアと最も遠いところを目指すことで、超国境的共生の世界にたどり着くことができる。そう考えられるわけです。

開かれた小国群にみなぎる共生力

それでは、オセアニアから最も遠い国家の姿とはどのようなものでしょう。オセアニアが閉ざされた巨大国なのですから、その正反対をいけばいい。それは、すなわち開かれた微小国です。みんな開放小国になればいい。

実際に、経済学の概念の中に「開かれた小国モデル」というものがあります。経済規模が小さい国々は、外に向かって開かれた体制を取ることで存続し、繁栄することができる。この考え方に基づくモデルです。これは面妖《めんよう》なことを言う。そう思われるかもしれません。小さき者たちが外に向かって扉を開け放てば、たちどころに大きな者たちに呑み込まれてしまうのではないか。むしろ、高くて厚い壁を打ち立てて、それこそ、国境をしっかりガードしておかなければ、すぐさま消滅の憂き目に遭ってしまうのではないか。そのように思われたとすれば、それも、ごもっともです。

ですが、実際には小さな国が国内のヒト・モノ・カネだけをもって自己完結的に生きていくことはとても困難です。小国であればあるほど、むしろ近隣大国と開放的なお付き合いをすることで、彼らのヒト・モノ・カネを上手く利用して生きていくのが賢いやり方だ。これが開かれた小国モデルのイメージです。大国に寄生していくやり方です。要は、コバンザメ的なライフスタイルで泳ぎ抜いていくということです。

共生力の四大要素が共感性・開放性・包摂性・依存性でした。コバンザメ国家たちは、四番目の依存性の活用の仕方が実に上手です。アジアでいえば、香港や台湾、シンガポールなどがその好例です。ヨーロッパではルクセンブルク、ベルギー、オランダ、スイス、オーストリア、デンマーク等々、実に数多くの小国たちがコバンザメぶりを遺憾なく発揮して、たくましく、小回りの利くやり方で豊かな経済を育んできました。隣接大国から巧みにヒト・モノ・カネを引き寄せて、彼らの力に巧みに依存して生きています。賢く共に生きようとする国々は、コバンザメ国家たちを一つのお手本とすべきでしょう。

もっとも、そうはいっても、既に大きくなってしまっているアメリカや中国や日本などの国々が、いまから微小国に変身することはできません。ですが、絶望することはありません。大丈夫です。大国たちは、その内側において開かれた小国に細胞分裂していけばいい。

大国の中の内なる小国とは何か。それは地域共同体です。数多くの地域共同体によって構成されていて、それらの地域共同体が相互に異なる特性を持ち、相互に開かれて上手に依存し合っている。そこには、共感性と包摂性が息づいている。このような内なる構図を有している国々は、たとえ巨大化していても、国境を超えることができるでしょう。

オセアニアのビッグブラザーにとって、開かれた小国モデルは天敵です。ファシズム国家は、内なる自治の芽生えを忌み嫌います。地域共同体が自律的に動き始めることを常に警戒しています。開かれた小宇宙の内側で、そして、開かれた小宇宙同士の間で連帯が芽生えることを恐れています。彼らの中で、知恵が目覚める状況を押しつぶそうとするのです。人びとの知的覚醒度が高まってしまうと、画一性と孤独と二重思考の世界が崩れてしまう。ですから、ファシズム国家は地方自治を決して許しません。

第2章で経済活動の三角形に言及したことをご記憶でしょうか。経済三角形の三辺には、様々な見立て方がある。その一つとして、三辺を「地球・国家・地域」とするやり方が考えられると申し上げましたね。

オセアニアにおいては、国家のベクトルが圧倒的で絶対的な優位性を保持しようとしているわけです。地域のベクトルが開かれた小国化を進め、その圧力を押し返すことができた時、地域のベクトルが、脱国民化したグローバル市民主義者たちの力によって国境を超えて合体できた時、オセアニアを滅ぼすことができるでしょう。破グローバルの魔物を退治することができるでしょう。

終章　真の共生はいずこに

共に生きる道を探り当てようとする我々の旅も、ついに最終場面にきました。思い出していただけますでしょうか。この旅の出発点だった本書の「はじめに」で、この旅が恋人との出会いで終わることを祈ると申し上げました。我々が恋に落ちることができるような共生の構図を見出したいのだと宣言していました。首尾よくそこに到達できるか。ここが正念場です。

ゴールを目前にして挫折してはかないません。それを回避するために、まずは、ここまでの道のりを慎重に確認しておきたいと思います。

真の共生しか破グローバルの魔物に打ち勝てない

「はじめに」では、いま、我々が破グローバルの圧力にさらされているという認識を共有させていただきました。この圧力に押し切られてしまうわけにはいかない。なぜなら、破グローバル化が進むということは、我々が国家主義のとりことなって分断と排外の世界に封じ込められてしまうからだ。この危機意識も共有させていただきました。

破グローバル化の餌食とならないためには、多様なる者たち、相互に相異なる者たちが手を携えて共に生きていくほかはない。グローバル時代をこのような時代に持っていくことができなければ、人類は消滅に向かう。

我々はいま、そう言って過言ではない状況下にある。この認識を通底動機として、我々の旅は出発しました。

真の共生は相異なる者たちによる自覚的共生

第1章では、「豊かさの中の貧困」問題に目を向けるところから始めました。この問題が、我々の共生を困難にしている。なぜなら、全体が豊かな経済社会においては、そのただなかにある部分的貧困が周囲の豊かさの中に埋没して見えなくなってしまうからだ。そのように考えました。反面、この「豊かさの中の貧困」の構図の中にこそ、実をいえば真の共生が実現する可能性が潜んでいる。このようにも考えました。

なぜかといえば、「はじめに」でも言及した通り、いま、求められているのは、多様なる者たち、相互に相異なる者たちが手を携えて共に生きていくことだからです。これが真の共生です。同じ者同士、似た者同士の間では、実は真の共生は成り立ちません。「貧困の中の貧困」の世界においては、誰もが同じ苦境の中にある。だから、まとまりやすい。「貧困の中の豊かさ」の世界には、共通の敵がいる。だから、これもまとまりやすい。ですが、そのようなまとまりの中には真の共生はありません。境遇や利害が異なる者同士は、意識的・自覚的に共に生きる方向性を選択しなければ共生できない。おのずとはまとまれない。

しかしながら、だからこそ、相異なる者同士の間に生まれる共生が真の共生だ。そして、この真の共生の構図が幅広く成り立つようになれば、グローバル時代は善きグローバル時代となり、破グローバルの勢力を消滅させることができるようになる。第1章では、これらの重要な認識に到達しました。

なお、これらの認識に向かって進んでいく過程では、我が宿敵チームアホノミクスの下心政治にも注目しました。21世紀の大日本帝国の構築を目指す。この下心に基づく経済運営が、いまの日本における真の共生の芽生えを阻止する方向に強く働いている。そのことを確認しました。

下心政治の経済運営の下で、企業は攻めのガバナンスを強いられて共生力を失っています。人びとは「柔軟で多様な働き方の勧め」の下でギグワーカー化し、孤立化し、共生から遠ざけられています。そして、現代の口入屋であるプラットフォーム事業者の存在が、ギグワーカーたちを共生からさらに遠くに追いやっている。この点も、ここで発見しました。


国家主義に真の共生の阻害要因を呼び覚まさせてはならない

いまの時代は、真の共生すなわち異なる者同士の意識的・自覚的共生を必要としている。この認識を固めた上で、第2章では、この真の共生が成り立つための要件と、その成立を阻害する要因について考えました。阻害要因が、どのような状況下で力を強めるのかということについても考えました。

真の共生の成立要件は、共感性・開放性・包摂性・依存性の四つでした。

共感性とは、他者のために涙することができる能力でした。もらい泣きができることです。相憐れむことができる人びとが、共感性が高い人びとです。ただし、この相憐れむは、同病相憐れむの相憐れむではない。このことを、ここで改めて確認しました。同病相憐れむでは、「貧困の中の貧困」を共有している人びとがまとまりやすいというのと同じことになってしまいます。共通の病や共通の敵を持たない者たちが相憐れみ合う。それが共感性です。

共感性の形成を阻むのが、「三無」でした。無関心・無感動・無責任です。「三無」をもたらすのが、人びとの孤立と分断でした。分断され、孤立した人びとは他者の痛みを感じとる想像力を失います。この想像力の喪失が「三無」につながり、共感性を抹殺します。

共感性が発揮されるためには、開放性が欠かせません。江戸の長屋の住人たちのように開けっ広げで面倒見のよい人びとによって構成されるのが開放性に富む社会です。開放性のアンチテーゼが、もとより、閉鎖性です。閉鎖社会もまた、孤立と分断の世界です。

包摂的世界は受容と抱擁の世界です。多様なる者たちが受け入れ合い、支え合う社会です。包摂性なくして、真の共生社会は出現しません。包摂性が共存を共生に昇華させる。これは、とても重要な発見でした。包摂性を窒息させるのが、均一化と平準化の力学です。これらの力学は、全体主義体制の下で最も重苦しく出現します。ナチス体制下における「退廃芸術」排除姿勢がその典型事例でした。

依存性は、お互いに身を委ね合う人びとの間に形成されます。安心してお互いに寄りかかり合う。助けてもらえることを前提に生きていく。この相互依存もまた、真の共生社会に不可欠の要因です。依存性を阻害するのが、自立の過大礼賛です。自己責任論です。自立できない者、自己責任を取れない者には生きる資格がない。そのような考え方が主流を占める社会は、真の共生社会ではありません。

真の共生社会の成立要因と阻害要因をみた上で、第2章では、さらに、何が阻害要因を起動させてしまうのかという点についても考えました。そこで我々が見出したのは、いまの時代を生きている人びとの不安と焦りでした。あまりにも、従来とは違うグローバル時代の今日的風景。その中で人びとは戸惑い、恐怖する。逃げ込む場所を求める。この心理につけ込んでしゃしゃり出てくるのが国家主義者たちでした。

出しゃばり国家が成長至上主義に走り、カネにモノを言わせてヒトを働く機械に変身させ、御国のためにこき使う。こうした政策が展開され始めると、真の共生を阻害する諸要因がわらわらと鎌首をもたげてくる。人びとは分断され、孤立し、相互無関心に陥り、閉鎖的になり、多様性を失い、相互依存性を失い、お互いに自己責任論を押しつけ合うようになってしまう。こうなってしまえば、破グローバル勢力の勝利です。それは阻止しなければならない。

そのためには、我々は我々が生きつつあるグローバル時代をよりよく知らなければならない。今日のグローバル時代の基盤となっている諸要因が真の共生との関係でどのような位置づけにあるのか。真の共生にどう作用するのか。これらのことを突き止めなければならない。この認識を形成したところで、我々の旅は第3章に進みました。

カネが優位に立つことを許すと真の共生は消滅する

第3章では、まず、いまが第三次グローバル化時代だということを確認しました。第三次グローバル化時代の特徴は、地球の狭隘化でした。第三次グローバル化時代の技術基盤であるIT化の進展によって、地球の津々浦々の経済社会が相互にぐっと引き寄せられて、ひしめき合うようになったのです。その中で、カネとヒトとの関係に大きな変化が生じることになった。第3章では、この点に注目しました。

そこで、我々がまず目を向けたのが、「ミセス・ワタナベ」たちの世界でした。金融のIT化が生み出したお茶の間トレーダー。その中でも、最も華麗なパフォーマンスを展開したのが、日本の個人投資家たちでした。パソコンやスマホの画面から目が離せなくなったお茶の間トレーダーたちは、共に生きていくゆとりを失いました。

次に注目したのが、カネのヒト化とヒトのモノ化問題でした。第三次グローバル化の下で、カネがあまりにも存在感を高めた結果、投資家も企業も、金融市場にあたかも人格があるかのごとく錯覚し、市場との対話や市場との約束に振り回されて我を失っていきました。カネをヒトの位置に祭り上げ、その指示を待つような心理の下で、人びとは互いに共感し、開放的に包摂し合い、相互に依存し合うことはできません。個別的にカネとつながってしまった人びとは、お互いに横の絆を形成することができなくなったのです。

企業がカネに人格を与えてその言いなりに動くようになると、ヒトのモノ化が進む。この点についても、ここで考えました。ヒト化したカネに振り回される企業経営者たちは、次第に働く人びとを原材料扱いするようになっていったのです。このような環境の中で真の共生が醸成されるわけはありません。

第3章では、金融と信用の決別問題、そして通貨の見えない化問題も取り上げました。金融がその基盤となるヒトとヒトとの信頼関係、そしてこの信頼関係の土台となる相対性《あいたいせい》と決別する。ITと金融が融合し、金融工学が花開く中で、この問題が生じました。金融の世界からヒトとヒトとの出会いが消えた。その結果がリーマン・ショックという名の金融恐慌でした。貸し手と借り手が、共に生きるどころか、出会うことがなくなった。その結果が金融恐慌だったのです。経済活動が恐慌に見舞われてしまえば、共感性も開放性も包摂性も依存性も吹き飛ばされてしまいます。

共に生きる社会を守りたければ、金融と信用を決別させてはいけないのです。

通貨の見えない化問題、すなわち現金の電子化については、この展開が持つ諸刃の剣としての性格を確認した上で、その怖い片刃に最大の注意を払わなければいけないという認識を深めました。

見えない化した通貨が監視社会の道具と化す時、その恐怖の片刃が前面に出ることになります。監視社会は真の共生を許さない社会です。いかにして、見えない化した通貨のこのような使われ方を阻止するか。このことが、共生社会を守り抜く上で、今後の大きな課題となっていきそうです。そのことを予感しながら、我々は第4章に進みました。

つながるだけでは真の共生は成り立たない

第4章では、第三次グローバル化の下におけるヒトとITの関係に着目しました。ITによって人びとがつながることは、おのずと人びとが共に生きることにつながるのか。このことについて考えました。

そして、ここでの発見は、つながりがおのずと共生をもたらすわけではないということでした。つながり過ぎが、かえって、人びとを孤立させたり争奪させたり、分断したり敵対させたりすることがある。つながりは、それを我々が意識して絆化しなければ、ヒトとヒトが共に生きるどころか、共食いしたり共倒れしたりする事態を招きかねない。この怖くて重大な点を認識しました。その上で、どのような使われ方の下でなら、ITといういまの時代の技術基盤がその共生基盤にもなり得るのかという点についても検討しました。

答えは二つ出てきました。第一に、水のごとき市民革命の助け手となれる時。そして第二に、差し伸べ合う手と手を結びつけられる時でした。

真の共生は国境を超える

第5章では、国境を「超えて」共に生きるというテーマについて考えました。ヒト・モノ・カネが国境を「越えて」飛び交い過ぎる。そのことが我々を不幸にしている。破グローバル論者たちのこの主張が、国境の内側と外側にいる人びとが共に生きることを阻止する。国境の内と外との共食いをもたらす。共食いが嵩《こう》じれば、それは共倒れ、さらには共死に（ともじに）にさえつながってしまうかもしれない。この事態を回避するには、何が必要か。それをここで考えました。

そして、必要なのは国々が国境を「超える」ことだという認識を持ちました。国は国境を越えられない。だからこそ、国は国境を超えなければならないのです。国々が国境を超えられるのはどのような時か。それは、まず、超国境的共生力を持つ人びとがそこにいる時でした。それはどのような人びとなのか。当然ながら、大前提は、真の共生の四つの成立要因を持ち合わせていることでした。この点を踏まえて超国境人をプロファイリングしてみると、さらに四つの特性が浮かび上がってきました。

それらが、隣人愛・反骨魂・仲間意識・義賊的気概でした。そして、これらを体現している人物像として、聖書の中に登場する善きサマリア人、第4章でみた如水の市民革命家たち、第1章でみたオキュパイ運動の活動家たちを特定しました。さらに、こうした人びとが脱国民化すること、グローバル市民主義者となることが必要だという点についても、意識を共有しました。

次いで考えたのが、グローバル市民主義者たちの要請に応えられるのは、どのような国家なのかという点でした。これについて、日本国憲法の前文が貴重な指針を与えてくれました。キーワードは協和と信頼と非一国主義でした。ジョージ・オーウェルの恐怖の空想小説『1984年』の中にも、重要なヒントがありました。そこには、暗黒の閉ざされた巨大国家像が描き出されていました。その姿は、我々にとって反面教師的な示唆に富んでいました。『1984年』の世界と正反対の世界を目指せば、超国境型国家にたどり着ける。つまり、目指すべきは開かれた微小国家だ。このイメージが浮上してきました。

規模の大きい国々も、その内部が数多くの開放的小宇宙、すなわち多数の開かれた地域共同体によって構成されている状態をつくり出すことができれば、超国境国家化することができる。そのような結論に到達したのでした。

希望は小さき者たちの中に

以上、ここまでの旅の道のりを振り返りました。改めて見えてきたことは何でしょうか。ここで、再び『1984年』の一場面が頭に浮かびます。これもまた、ウィンストンが禁断のノートに向かっている場面です。ノートに彼は次のように書き込みます。

希望があるとすれば、それはプロールたちの中にある。

プロール（prole）はオセアニアの労働者階級につけられた名称です。彼らは人口の大半を占めますが、最下層民扱いを受けています。彼らはオセアニア政府によって意図的に無知・無教養状態に置かれています。彼らが決して知的に覚醒することがないよう、体制が仕組まれているのです。しかしながら、それでも、ウィンストンは彼らの中に希望を見出したのです。暗黒の閉鎖大国オセアニアを転覆させることができるとすれば、それはプロールの力によるほかはない。そう確信し、自分に向かってそう宣言するに至るのです。

ウィンストンがノートに書き込んだ宣言を援用して、いま、我々に見えてきたことを表現すれば、

希望があるとすれば、それは小さき者たちの中にある。

となる。筆者にはこう思えてきました。

果敢に、したたかに、いまを生き抜いている開かれた小国たち。国々の内側で小宇宙を形成している開かれた地域共同体群。手を差し伸べ合い、連帯しながら、世のため人のために活動する如水の市民革命家たち。義賊の香り高き反貧困の闘争家たち。対岸の火事を放置しない現代の善きサマリア人たち。

彼らは、いずれも小さき者たちです。小さき者たちだから、誰も一人では生きていけないことをよく知っている。小さき者たちだから、抱きとめ合わなければ救いを得られないことを熟知している。小さき者たちだから、お互いに背を向けることが命とりであることを実感できている。小さき者たちだから、お互いに頼ることを

憚《はばか》らない。小さき者たちだから、真の共生を実現できる。

小さき者たちが連帯すれば、諸刃の剣であるカネもＩＴも、きっと善き片刃の方だけを真の共生の道具として生かすことができるでしょう。電子現金やクラウドファンディングを駆使して「豊かさの中の貧困」に立ち向かうことができるでしょう。ＩＴプラットフォームという名の21世紀の口入屋ビジネスも、小さき者たちがみずから運営するのであれば、搾取や弱い者いじめにつながるわけがありません。ＳＮＳも、小さき者たちが如水行動のツールとして活用するのであれば、孤立や分断や誹謗中傷やパニックをもたらす凶器と化す余地はありません。

かくして、希望は間違いなく、小さき者たちの中にあると考えられます。ですから、ウィンストンさんから借用した先の宣言は書き直す必要があります。「希望があるとすれば」は不要です。正しくは次の通りです。

希望は小さき者たちの中にある。

これが、真の共生を探し求めて旅してきた我らの到達点です。いかがでしょうか。この旅、間違いなく、恋人との出会いで終わることができたのではないでしょうか。そう思っていただけることを祈りつつ、そして密かに確信しつつ、草鞋《わらじ》を脱ぐ、すなわち旅を終えることにしたいと思います。

おわりに

今回も発見の旅にお付き合いいただき、本当にありがとうございました。

もう草鞋を脱いでしまったので少々後の祭り感がありますが、真の共生の担い手である小さき者たちには、合言葉が必要だったかなと思いつきました。ところで、いま、この「合言葉」をローマ字入力したら、まず「愛言葉」と変換されました。これはいいですね。真の共生を担い、善きグローバル時代をもたらしてくれる小さき者たちには、「愛言葉」が実にふさわしいと思います。パソコンさんもたまには味なことをしてくれるものです。是非、これでいきたいと思います。

彼らの愛言葉は、「多様性の中の連帯」がいいと思います。「多様性」と呼びかければ、「連帯」と応える。そんな感じです。この愛言葉は、実はＥＵ（欧州連合）

の公式モットーをほぼそのまま借用したものです。英語では“United in diversity”あるいは“Unity in diversity”です。

EU懐疑論者で、日頃はEUの悪口ばかり言っている筆者が、そのモットーにインスピレーションを得るというのは、おかしいじゃないか、そう思われてしまうかもしれません。ですが、このモットー自体は素晴らしいものです。問題は、この心意気がいまのEUの中に生きていないことです。今日のEUには、多様性の中の連帯はありません。そこにあるのは、統合の中の分裂です。

何かにつけて内輪もめばかりが顕在化する。新型コロナウイルス問題という一大危機に当面しているいまこそ、多様性の中の連帯が生む真の共生が、その威力をいかんなく発揮すべき場面です。ところがドイツやオランダは、イタリアやスペインに手を差し伸べようとしない。ポーランドやハンガリーでは、政権保持者たちがこの機に乗じて国家主義体制を強化しようとしている。

パンデミックにさえ連帯して立ち向かえない者たちに、多様性の中の連帯を掲げる資格はないでしょう。その資格があるのは、第5章で紹介した「我々はあなた方と共にいます」のスピーチの人、アイルランドのバラッカー首相くらいでしょう。
EUの“United in diversity”は、加盟国の若者たちへの公募を経て2000年に採用されたものです。奇《く》しくも、その考案者は、ルクセンブルクの若者チームでした。ルクセンブルクといえば、開かれた小国中の開かれた小国です。そこから出てきたフレーズは、小さき者たちの愛言葉に何とふさわしいことでしょう。この愛言葉を掲げた無数の小さき者たちが国境を超えて手をつなぎ合い、グローバル市民主義の中で連帯し、破グローバルの魔物を退治してくれる日がすぐそこまできている。そう祈ります。そして、これまた確信する次第です。

本書がこの「おわりに」までたどり着くには、実に実に長い時を要しました。この旅は途中で中断したまま、ゴールに達することなく終わるかと思われました。そうならなかったのは、ひとえに、平凡社新書編集部の和田康成さんのおかげです。驚異的な忍耐力をもってご支援下さいましたことに、心の底から深謝申し上げます。

2020年7月

浜 矩子

【著者】
浜 矩子（はま のりこ）
1952年東京都生まれ。一橋大学経済学部卒業後、三菱総合研究所入社。主席研究員を経て、2002年より同志社大学大学院ビジネス研究科教授。専攻はマクロ経済分析、国際経済。おもな著書に『グローバル恐慌――金融暴走時代の果てに』（岩波新書）、『「通貨」の正体』（集英社新書）、『小さき者の幸せが守られる経済へ』（新日本出版社）、『人はなぜ税を払うのか――超借金政府の命運』（東洋経済新報社）などがある。

平凡社新書８２０

「共に生きる」ための経済学

発行日――2020年９月15日　初版第１刷

著者――浜 矩子

発行者――下中美都

発行所――株式会社平凡社
東京都千代田区神田神保町3-29　〒101-0051
電話　東京（03）3230-6580［編集］
　　　東京（03）3230-6573［営業］
振替　00180-0-29639

印刷・製本―図書印刷株式会社

装幀――菊地信義

ISBN978-4-582-85820-4
NDC 分類番号331　新書判（17.2cm）　総ページ216
平凡社ホームページ　https://www.heibonsha.co.jp/